高等院校经济管理类专业"互联网+"创新规划教材

# 成本会计模拟实训教程
## ——基于 Excel 数据处理的成本核算与管理

主 编 李彩霞

## 内容简介

本书依据最新企业会计准则和税法要求进行成本实训设计。案例数据资料来源于企业实践，贴合企业实际成本会计问题。全书共分6章，具体内容包括：成本会计实训概述、Excel在成本会计实训中的基础应用、基于Excel的成本会计单项技能训练、基于Excel的成本会计综合模拟实训、Excel在成本会计实训中的高级应用、成本会计实训报告。

本书可以作为会计学专业的大专、本科学生的成本会计实训教材，也可以作为成本会计从业人员的参考书。

图书在版编目（CIP）数据

成本会计模拟实训教程 / 李彩霞主编. —北京：北京大学出版社，2016.11
（高等院校经济管理类专业"互联网+"创新规划教材）
ISBN 978-7-301-27689-1

Ⅰ. ①成⋯ Ⅱ. ①李⋯ Ⅲ. ①成本会计—高等学校—教材 Ⅳ. ①F234.2

中国版本图书馆CIP数据核字(2016)第265937号

| | |
|---|---|
| **书　　　名** | 成本会计模拟实训教程 |
| | Chengben Kuaiji Moni Shixun Jiaocheng |
| **著作责任者** | 李彩霞　主编 |
| **责任编辑** | 王显超　刘丽 |
| **标准书号** | ISBN 978-7-301-27689-1 |
| **出版发行** | 北京大学出版社 |
| **地　　　址** | 北京市海淀区成府路205号　100871 |
| **网　　　址** | http://www.pup.cn　　新浪微博：@北京大学出版社 |
| **电子信箱** | 编辑部pup6@pup.cn　　总编室zpup@pup.cn |
| **电　　　话** | 邮购部010-62752015　发行部010-62750672　编辑部010-62750667 |
| **印　刷　者** | 北京虎彩文化传播有限公司 |
| **经　销　者** | 新华书店 |
| | 787毫米×1092毫米　16开本　11.75印张　275千字 |
| | 2016年11月第1版　2025年2月全新修订　2025年2月第2次印刷 |
| **定　　　价** | 39.00元 |

未经许可，不得以任何方式复制或抄袭本书之部分或全部内容。
**版权所有，侵权必究**
举报电话：010-62752024　电子邮箱：fd@pup.cn
图书如有印装质量问题，请与出版部联系，电话：010-62756370

# 前　言

　　成本会计是一门理论性、系统性、操作性较强的学科，而成本会计实训课程对培养学生的创新意识、操作技能、分析问题和解决问题的能力有着不可替代的作用。目前，成本会计实训内容主要体现在综合会计实训的产品成本计算上，很难形成对成本核算和管理的完整认识，不能达到理想的实训效果。虽然有的学校开设了成本会计实训课程，但主要采用手工实验方式，学生对实训材料进行手工的成本计算和分析。手工计算的方式不仅耗费时间，而且容易让学生产生烦躁情绪，并且大部分的成本计算过程类似，重复的烦琐计算并不是成本会计实训的主要目的。即使有的学校借助 Excel 进行辅助成本计算，但也主要停留在简单的数字运算上，并没有充分发挥计算机工具软件的作用。然而，在实际工作中，企业的成本分配主要借助 Excel 来进行处理。为此，本书基于 Excel 数据处理技术和实训课程要求设计成本会计实训。

　　本书与同类教材相比，具有以下特点。

　　（1）依据最新企业会计准则和税法要求进行成本实训设计。本书切合企业会计准则、审计准则、税收法律规定等最新要求。

　　（2）案例数据资料来源于企业实践。本书案例均有企业会计人员参与编写，并在编写过程中多次到制造业企业开展调研，具有很强的针对性，案例更贴合企业实际成本会计问题。

　　（3）本书结合读者需求，增加了 Excel 在成本会计中的高级应用内容，涉及规划求解、单变量求解、方案求解、数据透视表等，对成本会计的实操帮助较大。

　　本书共分为 6 章：第 1 章介绍成本会计实训的基本要求，帮助学生熟悉成本会计核算与管理的基础知识和成本会计核算制度。第 2 章讲述 Excel 在成本会计实训中的应用，主要涉及 Excel 函数、成本费用分配表的绘制、图表的使用等。第 3 章基于 Excel 的成本会计单项技能训练，主要涉及材料费用分配表、人工费用分配表、辅助生产费用分配表、制造费用分配表、完工产品与在产品成本分配表的编制。第 4 章基于 Excel 进行成本会计模拟实训，主要涉及品种法、分批法、逐步结转分步法、平行结转分步法、成本报表的编制与分析。第 5 章讲述 Excel 在成本会计实训中的高级应用，包括规划求解、单变量求解、方案求解、数据透视表等功能。第 6 章是成本会计实训的总结，主要介绍成本会计实训报告的编制方法和具体要求。

　　本书既可以作为本专科会计学专业学生的成本会计实训教材，也可以作为企业成本会计工作人员的参考用书。

本书由天津农学院会计系李彩霞副教授担任主编，负责全书提纲设计和总纂定稿，并负责整体安排与设计，以及全书的编写工作。

在编写本书的过程中，编者与企业实务人员进行了多次沟通，吸取了相关实践经验，在此特别感谢李再新高级会计师、杜芳修高级会计师、张晋芳会计师等。另外，感谢赵秀乐注册会计师、李春英注册会计师、姜振娜注册会计师以及胡栋梁、李渊、韩贤、宣雪莲等研究生参与整理了第3章部分案例材料和答案；韩贤、宣雪莲参与了第5章的部分撰写工作。同时，编者参考了有关专家、学者的著作、教材和其他相关文献，在此向相关作者一并表示感谢。

本书的编写受到天津农学院实验示范中心教学改革项目"基于Excel的成本会计综合实训设计"（2015SY085）和天津农学院教育教学研究与改革项目"基于双创能力培养的会计专业实践教学模式改革与实践"（2016-B-06）的资助，为此表示感谢。当然，更应感谢北京大学出版社和王显超编辑，没有他们的辛勤工作就没有本书的出版。

受编者的水平限制，书中难免有疏漏或不足之处，恳请广大读者提出宝贵意见。联系邮箱：kjlwzd@163.com。

李彩霞<br>2016年8月

# 目 录

## 第1章 成本会计实训概述 ... 1
- 1.1 成本会计实训要求 ... 2
- 1.2 成本会计实训必备知识 ... 3
- 1.3 成本会计核算与管理制度 ... 16

## 第2章 Excel在成本会计实训中的基础应用 ... 19
- 2.1 Excel入门知识准备 ... 20
- 2.2 成本会计实训中涉及的Excel函数 ... 22
- 2.3 借助Excel绘制成本费用分配表 ... 24
- 2.4 Excel图表在成本分析中的应用 ... 30

## 第3章 基于Excel的成本会计单项技能训练 ... 37
- 3.1 材料费用计算与分配技能训练 ... 38
- 3.2 人工费用计算与分配技能训练 ... 40
- 3.3 辅助生产费用计算与分配技能训练 ... 42
- 3.4 制造费用计算与分配技能训练 ... 48
- 3.5 完工产品与在产品成本计算与分配技能训练 ... 49

## 第4章 基于Excel的成本会计综合模拟实训 ... 58
- 4.1 品种法模拟实训 ... 59
- 4.2 分批法模拟实训 ... 69
- 4.3 逐步结转分步法模拟实训 ... 76
- 4.4 平行结转分步法模拟实训 ... 80
- 4.5 成本报表的编制与分析模拟实训 ... 85

## 第5章 Excel在成本会计实训中的高级应用 ... 94
- 5.1 "规划求解"在代数分配法中的应用 ... 95
- 5.2 "单变量求解"在本量利分析中的应用 ... 98
- 5.3 "方案求解"在最优方案选择中的应用 ... 100
- 5.4 "数据透视表"在材料消耗汇总中的应用 ... 102
- 5.5 "分析工具库"在成本管理中的应用 ... 105

  5.6 "工作表保护"在成本核算中的应用 107
  5.7 "查找、匹配函数"在成本核算中的应用 109
  5.8 "宏命令"在成本核算中的应用 111

第6章 成本会计实训报告 114
  6.1 实训报告概述 115
  6.2 成本会计实训报告撰写要求与格式 115

附录A 企业产品成本核算制度（试行） 120

附录B 企业产品成本核算制度——石油石化行业 128

附录C 企业产品成本核算制度——钢铁行业 142

附录D 企业产品成本核算制度——煤炭行业 149

附录E 企业产品成本核算制度——电网经营行业 155

附录F 企业产品成本核算制度——油气管网行业 159

附录G 存货核算管理办法（示例） 164

附录H 成本费用管理制度（示例） 171

附录I 成本会计实训调查问卷 177

参考文献 179

# 第1章 成本会计实训概述

### 教学目标

本章主要以工业企业产品成本核算过程及产品成本计算方法为主线,通过课程项目教学内容的学习与实训,使学生深刻理解成本的内涵与实质,掌握成本计算与分析的方法,学生在具备从事成本会计岗位工作的基础理论与实际技能的同时,具备综合应用成本会计核算与管理方法能力、社会能力与职业素质。

### 教学要求

1. 了解成本会计实训的基本要求;
2. 掌握成本会计核算和管理的基本理论知识;
3. 熟悉实际工作中企业成本会计的相关规章制度。

## 1.1 成本会计实训要求

### 1.1.1 实训目的

会计学专业是一门具有严格操作要求的实用学科，会计教学的目的是培养懂理论、会操作的高素质技能型人才。会计学专业是综合性和应用性极强的专业，不仅需要学生掌握理论知识，也需要学生较强的动手能力。会计实训是解决课堂教学与实际相结合的有效途径，通过会计实训可以丰富会计教学的内容，强化会计操作技能，提高实际工作的动手能力，使学生毕业后上岗速度快，适应能力强，满足企业对技能型会计人才的需求。同时，学生在模拟的会计环境中学习与操作会增加其感性认识，拉近与实际工作的距离，这也会给教学带来事半功倍的效果。

对成本会计而言，不同产品的成本计算内容繁多、核算方法多样，需要学生在实践中掌握成本核算和分析，而借助成本会计实训可以很好地达到这一目的。成本会计实训是配合成本会计学理论教学而进行的综合实训，通过实训应达到如下目的：

(1) 理论联系实际，深化理解成本会计基本理论、知识与方法。

(2) 通过对各项成本费用的归集、分配，计算产品成本，掌握成本核算的几种主要方法，增强实践技能和能力。

(3) 通过 Excel 办公软件对成本费用归集和核算，能借助数据处理技术减少成本费用的分配工作量，提高效率。

(4) 体会成本会计工作者应具备的基本业务素质。

### 1.1.2 实训方法

(1) 实训要求各人独立完成，可以参阅有关教材、资料，允许发生计算和记录性错误，但必须按规范进行更正。

(2) 根据实训指导材料，审核原始凭证，并进行成本费用分配，即编制自制原始凭证，然后据此编制记账凭证，登记产品成本明细账及费用多栏式明细账。注意：各种成本费用要借助 Excel 进行分配。

(3) 完成全部实训业务后，需根据实训内容撰写成本会计实训报告，总结实训中发现的问题，提出对今后成本会计工作的注意事项。

### 1.1.3 实训内容

本实训以几家制造企业某月份的业务为例，根据实训的题目和原始凭证，编制各种费用分配表、成本计算单、成本还原计算单及记账凭证等，登记产品成本明细账和有关费用明细账。成本会计实训结束后，撰写 2 000 字以上的实训报告。

### 1.1.4 时间安排

实训时间为一周左右，在成本会计学理论教学结束后进行。

### 1.1.5 考核要求

**1. 对账套质量的考核**

在一定时间内必须完成规定的进度，完不成进度的不得参加考核。赶不上进度的学生，用业余时间补做；不能按时完成的，成绩按 0 分计。质量考核以检查记账凭证、账簿、会计报表和提问的方法评分。有一处常识性的并且严重影响会计信息正确性，或是表明会计工作不慎重的错误扣 5 分，如成本费用分配错误、账面有较严重的污染、记账凭证明显装订粗糙、对所提问题一无所知。不规范的地方每种情况扣 2 分，若是普遍存在，每种情况最高可以扣 5 分。按百分制评分，在总成绩中占 50%。

**2. 对实训报告的考核**

从质、量两方面考核。以内容和字数是否达到要求为主评分。抄袭的为 0 分。内容尚可，字数不足 2 000 字的扣 10 分，内容空洞最高扣 40 分，格式不合格的最高扣 10 分，字迹明显潦草的最高扣 10 分。按百分制评分，在总成绩中占 30%。

**3. 出勤考核**

无理由缺勤 1 次，成绩扣 20 分。按百分制评分，在总成绩中占 20%。

## 1.2 成本会计实训必备知识

### 1.2.1 成本核算程序

成本核算是成本管理工作的重要组成部分，它是将企业在生产经营过程中发生的各种耗费按照一定的对象进行分配和归集，以计算总成本和单位成本。成本核算的正确与否，直接影响企业的成本预测、计划、分析、考核和改进等控制工作，同时也对企业的成本决策和经营决策的正确与否产生重大影响。成本核算过程，是对企业生产经营过程中各种耗费如实反映的过程，也是为更好地实施成本管理进行成本信息反馈的过程，因此，成本核算对企业成本计划的实施、成本水平的控制和目标成本的实现起着至关重要的作用。

**1. 成本核算程序流程图**

成本核算程序是指对企业在生产经营过程中发生的各项生产费用和期间费用，按照成本核算的要求，逐步进行归集和分配，最后计算出各种产品的生产成本和各项期间费用的基本过程。其流程如图 1.1 所示。

**2. 成本核算的具体程序**

以制造业为例，成本核算的具体程序如下。

（1）对企业的各项支出、费用进行严格的审核和控制，并按照国家统一会计制度确定其应否计入生产费用、期间费用，以及应计入生产费用还是期间费用。

（2）正确处理支出、费用的跨期摊提工作。

（3）将应计入本月产品的各项生产费用，在各种产品之间按照成本项目进行分配和归

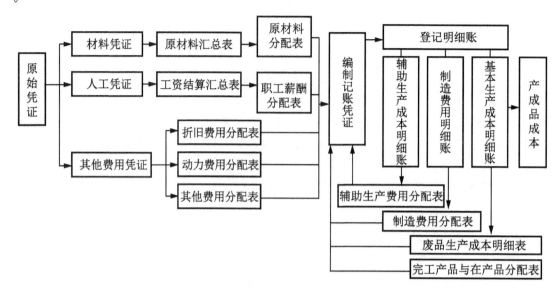

图 1.1 成本核算程序流程图

集，计算出按成本项目反映的各种产品的成本。一般的分配顺序如下：

①要素费用的分配。按照一定的分配方法分配材料费用、人工费用、燃料及动力费用、折旧费用、利息费用、税金等要素费用。

②分配辅助生产车间的制造费用（前提是辅助生产车间设置了"制造费用"明细账）。

③分配辅助生产成本。

④分配基本生产车间的制造费用。即将某个基本生产车间的制造费用在车间生产的各种产品之间分配。

（4）对于月末既有完工产品又有在产品的产品，将该种产品的生产费用（月初在产品生产费用与本月生产费用之和）在完工产品与月末在产品之间进行分配，计算出该种产品的完工产品成本和月末在产品成本。

### 1.2.2 常用的成本分配方法

1. 要素费用分配的一般方法

将各种要素费用的发生金额合理分配给各个成本计算对象。如果某项要素费用是一个成本计算对象承担，则不需要进行分配，可以直接将该要素费用计入相关成本中。如果某项要素费用由几个成本计算对象承担，则需要选择适当的分配方法，在各成本计算对象之间进行分配，以明确各成本对象的承担的费用。要素费用分配的基本公式为

$$费用分配率 = 待分配费用总额 \div 分配标准总额$$

$$某分配对象应分配的费用 = 该对象分配标准 \times 费用分配率$$

1) 材料费用的分配

材料费用分配是指企业将一定时期所耗用的直接材料、间接材料费用按不同方式计入产品成本。材料的分配对象主要指生产中消耗的材料费用由谁来承担的问题。一般而言，

基本生产耗用的材料费用应由基本生产各产品负担，辅助生产消耗的材料应由辅助生产的产品或劳务承担，各生产车间及管理部门所消耗的各种间接材料应分别由制造费用以及管理费用等承担。自制材料耗用的材料费用应该由自制材料成本承担。委托加工所耗用的材料应由委托加工材料成本承担。材料费用分配表图例如图1.2所示。

| | A | B | C | D | E | F | G | H |
|---|---|---|---|---|---|---|---|---|
| 1 | | | | | 原材料费用分配表 | | | |
| 2 | | | | | 20**年1月 | | | |
| 3 | | | 应借科目 | | 直接计入 | 分配计入 | 分配金额 | 材料费用 |
| 4 | | | | | 金额（元） | 定额消耗量（千克） | （元） | 合计（元） |
| 5 | | 基本生产成本 | 肉类车间 | 鱼头辣酱 | | 22.99 | 273.10 | 273.10 |
| 6 | | | | 香辣鱼脯 | | 21.79 | 253.90 | 253.90 |
| 7 | | | | 小计 | | 44.78 | 527.00 | 527.00 |
| 8 | | | 奶类车间 | 酸奶 | 130.00 | | | 130.00 |
| 9 | | 辅助生产成本 | 动力车间 | | 50.00 | | | 50.00 |
| 10 | | | 供水车间 | | 50.00 | | | 50.00 |
| 11 | | | 小计 | | 100.00 | | | 100.00 |
| 12 | | 制造费用 | 肉类车间 | | 80.00 | | | 80.00 |
| 13 | | | 奶类车间 | | 20.00 | | | 20.00 |
| 14 | | | 小计 | | 100.00 | | | 100.00 |
| 15 | | 管理费用 | | | 100.00 | | | 100.00 |
| 16 | | 合计 | | | 430.00 | | 527.00 | 857.00 |

图1.2 原材料费用分配表（一）

如按实际消耗量分配材料费用时，具体的计算公式为

某产品原材料定额消耗量＝该产品实际产量×单位产品原材料消耗量定额

原材料消耗量分配率＝原材料实际消耗总量÷各种产品原材料定额消耗量之和

某产品应分配原材料实际消耗量＝该产品原材料定额消耗量×原材料消耗量分配率

某产品应分配的实际原材料费用＝该产品应分配原材料实际消耗量×材料单价

费用分配表图例如图1.3所示。

| | A | B | C | D | E | F | G | H |
|---|---|---|---|---|---|---|---|---|
| 1 | | | | 材料消耗分配表(肉类车间) | | | | |
| 2 | | | | 20**年1月 | | | | |
| 3 | | 材料名称 | 分配对象 | | | 分配记录 | | |
| 4 | | | | 定额 | 产量 | 定额耗用量 | 分配率 | 分配金额 |
| 5 | | 鲤鱼 | 鱼头辣酱 | 0.87 | 12.00 | 10.40 | 16.55 | 172.10 |
| 6 | | | 香辣鱼脯 | 0.77 | 12.00 | 9.24 | | 152.90 |
| 7 | | | 小计 | | 24.00 | 19.64 | | 325.00 |
| 8 | | 鲜辣椒 | 鱼头辣酱 | 0.11 | 12.00 | 1.32 | 13.64 | 18.00 |
| 9 | | | 香辣鱼脯 | 0.11 | 12.00 | 1.32 | | 18.00 |
| 10 | | | 小计 | | 24.00 | 2.64 | | 36.00 |
| 11 | | 花生 | 鱼头辣酱 | 0.13 | 12.00 | 1.56 | 13.46 | 21.00 |
| 12 | | | 香辣鱼脯 | 0.13 | 12.00 | 1.56 | | 21.00 |
| 13 | | | 小计 | | 24.00 | 3.12 | | 42.00 |
| 14 | | 香菇 | 鱼头辣酱 | 0.49 | 12.00 | 5.88 | 3.06 | 18.00 |
| 15 | | | 香辣鱼脯 | 0.49 | 12.00 | 5.88 | | 18.00 |
| 16 | | | 小计 | | 24.00 | 11.76 | | 36.00 |
| 17 | | 猪肉 | 鱼头辣酱 | 0.32 | 12.00 | 3.79 | 11.60 | 44.00 |
| 18 | | | 香辣鱼脯 | 0.32 | 12.00 | 3.79 | | 44.00 |
| 19 | | | 小计 | | 24.00 | 7.58 | | 88.00 |
| 20 | | 鱼头辣酱 | | 1.92 | | | | 273.10 |
| 21 | | 香辣鱼脯 | | 1.82 | | | | 253.90 |
| 22 | | 合计 | | | | | | 527.00 |

图1.3 原材料费用分配表（二）

2) 工资费用的分配

工资费用一般都应计入产品成本，但医务、福利人员的工资则应由福利费开支，离退休人员的工资应由管理费开支，专设销售机构人员的工资应由销售费负担。生产单位管理人员的工资应先按不同的车间进行归集，计入制造费用，然后与其他制造费用汇总以后分配计入产品成本。

在计时工资形式下，如果基本生产车间只生产一种产品，则将该工资直接计入该产品成本；如果生产两种以上的产品，则按生产工时比例进行分配后计入各有关品种的成本明细账。在计件工资形式下，可直接根据各种产量记录所记合格品数乘以计件单价，并将其直接计入各有关产品成本明细账。

工资费用分配方法图例如图1.4所示。

| | | | | | 工资费用分配表 | | | | |
|---|---|---|---|---|---|---|---|---|---|
| | | 应借科目 | | 成本项目或费用项目 | 直接计入 | 分配计入 | | | 工资费用合计 |
| | | | | | | 生产工时（小时） | 分配率 | 分配金额 | |
| 基本生产成本 | 肉类车间 | 鱼头辣酱 | | 直接人工 | | 6.00 | 7.14 | 42.86 | 42.86 |
| | | 香辣鱼脯 | | 直接人工 | | 8.00 | | 57.14 | 57.14 |
| | 小计 | | | | | 14.00 | | 100.00 | 100.00 |
| 辅助生产成本 | 奶类车间 | 酸奶 | | 直接人工 | 20.00 | | | | 20.00 |
| | 动力车间 | | | 直接人工 | 20.00 | | | | 20.00 |
| | 供水车间 | | | 直接人工 | 20.00 | | | | 20.00 |
| | 小计 | | | | 40.00 | | | | 40.00 |
| 制造费用 | 肉类车间 | | | 职工薪酬 | 30.00 | | | | 30.00 |
| | 奶类车间 | | | 职工薪酬 | 20.00 | | | | 20.00 |
| | 小计 | | | | 50.00 | | | | 50.00 |
| 管理费用 | | | | 职工薪酬 | 50.00 | | | | 50.00 |
| 合计 | | | | | 160.00 | | | | 260.00 |

图1.4 工资费用分配表

2. 辅助生产费用的分配方法

辅助生产车间既可能生产产品又可能提供劳务。所生产的产品，如工具、模具、修理用备件等；所提供的劳务作业，如供水、供电、修理和运输等。辅助生产提供的产品和劳务，主要是为基本生产车间和企业管理部门使用和服务的。但在某些辅助生产车间之间，也有相互提供产品和劳务的情况。辅助生产费用的分配是通过编制辅助生产费用分配表进行的。通常采用的辅助生产费用的分配方法有直接分配法、顺序分配法、交互分配法、代数分配法和计划成本分配法。

1) 直接分配法

所谓直接分配法，是指不考虑各辅助生产车间之间相互提供劳务的情况，而是将各种辅助生产费用直接分配给辅助生产车间以外的各受益单位的一种分配方法。这种分配方法最为简便，但只宜在辅助生产内部相互提供劳务不多、不进行交互分配对辅助生产成本和企业产品成本影响不大的情况下采用。

直接分配法下，辅助生产费用分配率的计算公式为

费用分配率（单位成本）＝待分配辅助生产费用÷（辅助生产劳务或产品总量－其他辅助生产车间耗用的劳务或产品总量）

直接分配法下辅助生产费用分配图例如图 1.5 所示。

| | A | B | C | D | E |
|---|---|---|---|---|---|
| 1 | | | 辅助生产费用分配表 | | |
| 2 | | | （直接分配法） | | |
| 3 | | | 分配 | | |
| 4 | | | 供水车间 | 动力车间 | 小计 |
| 5 | 待分配费用 | | 27000.00 | 36960.00 | |
| 6 | 劳务供应量 | | 30000.00 | 73600.00 | |
| 7 | 分配率 | | 1.0 | 0.6 | |
| 8 | 动力车间 | 耗用量 | 3000.00 | | |
| 9 | | 分配额 | 0.00 | | |
| 10 | 供水车间 | 耗用量 | | 12000.00 | |
| 11 | | 分配额 | | 0.00 | |
| 12 | A产品 | 耗用量 | | 48000.00 | |
| 13 | | 分配额 | | 28800.00 | 28800.00 |
| 14 | 基本车间 | 耗用量 | 24000.00 | 8000.00 | |
| 15 | | 分配额 | 24000.00 | 4800.00 | 28800.00 |
| 16 | 管理部门 | 耗用量 | 2000.00 | 4000.00 | |
| 17 | | 分配额 | 2000.00 | 2400.00 | 4400.00 |
| 18 | 销售部门 | 耗用量 | 1000.00 | 1600.00 | |
| 19 | | 分配额 | 1000.00 | 960.00 | 1960.00 |
| 20 | 分配金额合计 | | 27000.00 | 36960.00 | 63960.00 |

图 1.5 辅助生产费用分配表（直接分配法）

2）顺序分配法

顺序分配法是将各种辅助生产之间的费用分配按照辅助生产车间受益多少的顺序排列，受益少的排列在前，先将辅助生产费用分配出去；受益多的排列在后，后将费用分配出去。顺序分配法的基本思路就是按顺序依次分配，排列在前的分配给排列在后的，而排列在后的不再分配给排列在前的，排列在后的进行分配时应在原归集的费用基础上加上排列在前的分配转入数。

顺序分配法下，辅助生产费用分配率的计算公式为

先分配的辅助车间的费用分配率＝辅助生产成本总额÷辅助生产的劳务或产品总量（包括对辅助生产各车间提供的劳务或产品数量）

后分配的辅助生产车间的费用分配率＝(辅助生产成本总额＋先分配转入的费用)÷辅助生产的劳务或产品数量（不包括对辅助生产各车间提供的劳务或产品数量）

顺序分配法下辅助生产费用分配图例如图 1.6 所示。

| | A | B | C | D | E |
|---|---|---|---|---|---|
| 1 | | | 辅助生产费用分配表 | | |
| 2 | | | （顺序分配法） | | |
| 3 | | | 分配 | | |
| 4 | | | 动力车间 | 供水车间 | 小计 |
| 5 | 待分配费用 | | 38194.40 | 8202.56 | 46396.96 |
| 6 | 劳务供应量 | | 34000.00 | 1000.00 | |
| 7 | 分配率 | | 1.123365 | 8.2025647 | |
| 8 | 动力车间 | 耗用量 | | | |
| 9 | | 分配额 | | | |
| 10 | 供水车间 | 耗用量 | 1000.00 | | |
| 11 | | 分配额 | 1123.36 | | 1123.36 |
| 12 | A产品 | 耗用量 | 11000.00 | | |
| 13 | | 分配额 | 12357.01 | | 12357.01 |
| 14 | B产品 | 耗用量 | 21200.00 | | |
| 15 | | 分配额 | 23815.33 | | 23815.33 |
| 16 | A车间 | 耗用量 | 200.00 | 400.00 | |
| 17 | | 分配额 | 224.67 | 3281.03 | 3505.70 |
| 18 | B车间 | 耗用量 | 400.00 | 540.00 | |
| 19 | | 分配额 | 449.35 | 4429.38 | 4878.73 |
| 20 | 管理部门 | 耗用量 | 200.00 | 60.00 | |
| 21 | | 分配额 | 224.67 | 492.15 | 716.83 |
| 22 | 分配金额合计 | | 38194.40 | 8202.56 | 46396.96 |

图 1.6 辅助生产费用分配表（顺序分配法）

3) 交互分配法

采用交互分配法，需要进行两次分配。首先，根据各辅助生产车间相互提供劳务的数量和交互分配前的单位成本（费用分配率），在各辅助生产车间之间进行一次交互分配；然后，将各辅助生产车间交互分配后的实际费用（即交互分配前的费用加上交互分配转入的费用，减去交互分配转出的费用），再按提供劳务的数量和交互分配后的单位成本（费用分配率），在辅助生产车间以外的各受益单位进行分配。采用交互分配法，由于辅助生产内部相互提供劳务全部进行了交互分配，因而提高了分配结果的正确性；但由于各种辅助生产费用都要计算两个费用分配率，进行两次分配，因而增加了核算工作量；由于交互分配的费用分配率（单位成本），是根据交互分配前的待分配费用计算的，所以据此计算的分配结果仍不十分精确。

交互分配法下，辅助生产费用分配率的计算公式为

对内交互费用分配率（单位成本）=辅助生产成本总额÷辅助生产的产品或劳务数量（包括对辅助生产各车间提供的产品或劳务数量）

对外费用分配率（单位成本）=（交互前的辅助生产成本总额+交互分配转入的费用－交互分配转出的费用）÷辅助生产的产品或劳务数量（不包括对辅助生产各车间提供的产品或劳务数量）

交互分配法下辅助生产费用分配图例如图1.7所示。

| | A | B | C | D | E | F | G | H | I | J |
|---|---|---|---|---|---|---|---|---|---|---|
| 1 | | 辅助生产费用分配表 | | | | | | | | |
| 2 | | 交互分配法 | | | | | | | | |
| 3 | | 项目 | | | 交互分配 | | | 对外分配 | | |
| 4 | | 辅助车间名称 | | | 动力 | 供水 | 合计 | 动力 | 供水 | 合计 |
| 5 | | 待分配辅助生产费用 | | | 94 | 99 | 193 | 98.06 | 94.94 | |
| 6 | | 劳务供应数量 | | | 72度 | 15吨 | | 65度 | 13吨 | |
| 7 | | 费用分配率（单位成本） | | | 1.3056 | 6.6 | | 1.1429 | 7.3031 | |
| 8 | | 辅助生产 | 动力 | 耗用数量 | | 2吨 | | | | |
| 9 | | | | 分配金额 | | 13.2 | | | | |
| 10 | | | 供水 | 耗用数量 | 7度 | | | | | |
| 11 | | | | 分配金额 | 9.14 | | | | | |
| 12 | | 基本生产 | A产品 | 耗用数量 | | | | 29度 | 7吨 | |
| 13 | | | | 分配金额 | | | | 43.75 | 51.12 | 94.87 |
| 14 | | | B产品 | 耗用数量 | | | | 24度 | 3吨 | |
| 15 | | | | 分配金额 | | | | 36.21 | 21.91 | 58.12 |
| 16 | | 企业管理 | | 耗用数量 | | | | 12度 | 3吨 | |
| 17 | | 部门耗用 | | 分配金额 | | | | 18.1 | 21.91 | 40.01 |
| 18 | | 分配金额合计 | | | | | | 98.06 | 94.94 | 193 |
| 19 | | | | | | | | | | |

图1.7 辅助生产费用分配表（交互分配法）

4) 代数分配法

采用代数分配法，应先根据解联立方程的原理，计算辅助生产劳务的单位成本，然后根据各受益单位（包括辅助生产内部和外部各单位）耗用的数量和单位成本分配辅助生产费用。

采用代数分配法分配费用，分配结果最正确。但是，在辅助生产车间较多的情况下，未知数较多，计算复杂，因而这种分配方法适宜在计算工作已经实现电算化的企业采用。

代数分配法下辅助生产费用分配图例如图1.8所示。分配过程详见第5章5.1的相关介绍。

| | A | B | C | D | E |
|---|---|---|---|---|---|
| 3 | | | 辅助生产费用分配 | | |
| 4 | | | 代数分配法 | | |
| 5 | | | 动力车间 | 供水车间 | 小计 |
| 6 | 待分配费用 | | 38194.40 | 7079.20 | 45273.60 |
| 7 | 劳务供应量 | | 34000.00 | 1100.00 | |
| 8 | 分配率 | | 1.1453555 | 7.4768686 | |
| 9 | 动力车间 | 耗用量 | | 100.00 | |
| 10 | | 分配额 | | 747.69 | |
| 11 | 供水车间 | 耗用量 | 1000.00 | | |
| 12 | | 分配额 | 1145.36 | | 1145.36 |
| 13 | A产品 | 耗用量 | 11000.00 | | |
| 14 | | 分配额 | 12598.91 | | 12598.91 |
| 15 | B产品 | 耗用量 | 21200.00 | | |
| 16 | | 分配额 | 24281.54 | | 24281.54 |
| 17 | A车间 | 耗用量 | 200.00 | 400.00 | |
| 18 | | 分配额 | 229.07 | 2990.75 | 3219.82 |
| 19 | B车间 | 耗用量 | 400.00 | 540.00 | |
| 20 | | 分配额 | 458.14 | 4037.51 | 4495.65 |
| 21 | 管理部门 | 耗用量 | 200.00 | 60.00 | |
| 22 | | 分配额 | 229.07 | 448.61 | 677.68 |
| 23 | 分配金额合计 | | 38942.09 | 7476.87 | 46418.96 |
| 24 | | | | | |

图1.8 辅助生产费用分配表（代数分配法）

5）计划成本分配法

采用这种分配方法，辅助生产为各受益单位（包括受益的其他辅助生产车间、部门在内）提供的劳务，都按劳务的计划单位成本进行分配；辅助生产车间实际发生的费用（包括辅助生产内部交互分配转入的费用在内）与按计划单位成本分配转出的费用之间的差异，可以再分配给辅助生产以外各受益单位负担，但为了简化计算工作，一般全部计入管理费用。采用按计划成本分配法，各种辅助生产费用只分配一次，且劳务的计划单位成本已事先确定，因此简化和加速了计算分配工作；通过辅助生产成本节约或超支数额的计算，还能反映和考核辅助生产成本计划的执行情况；此外，按照计划单位成本分配，排除了辅助生产实际费用的高低对各受益单位成本费用的影响，便于考核和分析各受益单位的经济责任。但是采用这种分配方法，必须具备比较正确的计划成本资料。

计划成本分配法的计算步骤如下：

第一步，按劳务的计划单位成本进行分配；

第二步，计算辅助生产车间实际发生费用与计划成本分配额的差异；

第三步，将辅助生产车间成本差异直接转入"管理费用"账户。

计划成本分配法下辅助生产费用分配图例如图1.9所示。

| | | | 运输车间 | | 供电车间 | | 费用 |
|---|---|---|---|---|---|---|---|
| | 项 目 | | 数量 | 金额 | 数量 | 金额 | 合计 |
| 辅助生产费用分配表 计划成本分配法 | | | | | | | |
| 待分配辅助生产费用 | | | | 24287.5 | | 37934.58 | |
| 辅助生产车间提供的劳务数量 | | | | 3942 | | 49396 | |
| 辅助生产计划单位成本 | | | | 6.25 | | 0.78 | |
| 辅助生产车间耗用 | | 运输车间 | | | 1035 | 807.30 | 807.30 |
| | | 供电车间 | 56 | 350.00 | | | 350.00 |
| 基本生产车间产品耗用 | 第一车间 | A产品 | | | 1928 | 1503.84 | 1503.84 |
| | | B产品 | | | 2100 | 1638.00 | 1638.00 |
| | 第二车间 | A产品 | | | 4765 | 3716.70 | 3716.70 |
| | | B产品 | | | 7503 | 5852.34 | 5852.34 |
| | 第三车间 | A产品 | | | 5612 | 4377.36 | 4377.36 |
| | | B产品 | | | 6340 | 4945.20 | 4945.20 |
| 基本生产车间耗用 | | 第一车间 | 1062 | 6637.50 | 4050 | 3159.00 | 9796.50 |
| | | 第二车间 | 1472 | 9200.00 | 6938 | 5411.64 | 14611.64 |
| | | 第三车间 | 974 | 6087.50 | 4315 | 3365.70 | 9453.20 |
| 行政管理部门耗用 | | | 238 | 1487.50 | 2745 | 2141.10 | 3628.60 |
| 销售部门耗用 | | | 50 | 312.50 | 1036 | 808.08 | 1120.58 |
| 设备安装工程 | | | 90 | 562.50 | 1029 | 802.62 | 1365.12 |
| 按计划成本分配合计 | | | 3942 | 24637.50 | 49396 | 38528.88 | 63166.38 |
| 辅助生产实际成本 | | | | 25094.80 | | 38284.58 | 63379.38 |
| 辅助生产成本差异 | | | | 457.30 | | -244.30 | 213.00 |

图1.9 辅助生产费用分配表(计划成本分配法)

3. 制造费用的分配方法

制造费用的内容,包括物料消耗、车间管理人员的薪酬,车间管理用房屋和设备的折旧费、租赁费和保险费,车间管理用具摊销,车间管理用的照明费、水费、取暖费、劳动保护费、设计制图费、试验检验费、办公费以及季节性及修理期间停工损失等。制造费用的分配方法主要有以下几个方面。

1) 生产工人工时比例法

生产工人工时比例法,是按照生产各种产品所耗用的生产工人实际工时的比例分配制造费用的一种方法。其计算公式为

制造费用分配率 = 制造费用总额 ÷ 产品生产工时总数

某种产品应分配的制造费用 = 该种产品生产工时 × 制造费用分配率

2) 生产工人工资比例法

生产工人工资比例法,是以生产各种产品的生产工人工资作为标准分配制造费用的一种方法。其计算公式为

制造费用分配率 = 制造费用总额 ÷ 各种产品生产工人工资总额

某种产品应分配的制造费用 = 该产品的生产工人工资数 × 制造费用分配率

3) 年度计划分配率分配法

年度计划分配率分配法,是按照年度开始前确定的全年度适用的计划分配率分配制造

费用的方法。假定以定额工时作为分配标准，其分配计算公式为

年度计划分配率 = 年度制造费用计划总额 ÷ 年度各种产品计划产量的定额工时总数

某月某种产品应负担的制造费用

= 该月该种产品实际产量的定额工时数 × 年度计划分配率

制造费用分配图例如图 1.10 所示。

| 产品 | 生产工时 | 分配率 | 分配金额 |
|---|---|---|---|
| 制造费用分配表 —— 转轮产品 ||||
| 201X年1月 ||||
| 男士手表 | 5000.00 | | 3557.00 |
| 女士手表 | 3500.00 | | 2490.11 |
| 合计 | 8500.00 | 0.7114 | 6047.11 |

图 1.10 制造费用分配表

#### 4. 完工产品与在产品之间的分配方法

生产费用在完工产品与在产品之间的分配，在成本计算工作中是一个重要而又比较复杂的问题。企业应当根据产品的生产特点，如月末结存在产品数量的多少，各月月末在产品结存数量变化的大小，月末结存在产品价值的大小，各项费用在成本中所占比重的轻重，以及企业定额管理基础工作的扎实与否等，结合企业的管理要求，选择既合理又简便的分配方法。通常有 7 种用于分配生产费用的方法，分别如下。

1) 不计算在产品成本法

不计算在产品成本法，是指虽然月末有结存在产品，但月末在产品数量很少，价值很低，并且各月份在产品数量比较稳定，从而可对月末在产品成本忽略不计的一种分配方法。为简化产品成本计算工作，根据重要性原则，可以不计算月末在产品成本，本月生产费用全部视为完工产品成本，将本月各产品发生的生产耗费全部由完工产品负担。

2) 在产品成本按年初数固定计算

按年初数固定计算在产品成本法，是对各月在产品按年初在产品成本计价的一种方法。这种方法适用于各月月末在产品结存数量较少，或者虽然在产品结存数量较多，但各月月末在产品数量稳定、起伏不大的产品。

3) 在产品成本按其所耗用的原材料费用计算

在产品按原材料费用计价，就是月末在产品只计算所耗的原材料费用，不计算工资及福利费等加工费用，产品的加工费用全部由完工产品负担。其计算公式为

完工产品成本 = 期初在产品的原材料费用 + 本期生产费用 − 期末在产品所耗原材料费用

这种方法适用于各月在产品数量多，各月在产品数量变化较大，且原材料费用在产品成本中所占比重较大的产品。

4) 约当产量法

约当产量比例法是将月末在产品数量按其完工程度折算为相当于完工产品的数量（即

约当产量），然后按完工产品产量与月末在产品约当产量的比例分配计算完工产品费用与月末在产品费用。约当产量比例法适用范围较广，特别适用于月末在产品数量较大，各月末在产品数量变化也较大，产品成本中原材料费用和工资及福利费等加工费用所占的比重相差不多的产品。约当产量比例法计算公式为

月末在产品约当产量＝月末在产品结存产量×在产品完工程度

费用分配率＝（月初在产品成本＋本月生产费用）÷（完工产品产量＋月末在产品约当产量）

完工产品总成本＝完工产品产量×费用分配率

月末在产品成本＝月末在产品约当产量×费用分配率

5）在产品成本按定额成本计算

在产品按定额成本计价法是按照预先制定的定额成本计算月末在产品成本，即月末在产品成本按其数量和单位定额成本计算。产品的月初在产品费用加本月生产费用，减月末在产品的定额成本，其余额作为完工产品成本。每月生产费用脱离定额的差异，全部由完工产品负担。这种方法适用于定额管理基础较好，各项消耗定额或费用定额比较准确、稳定，而且各月在产品数量变动不大的产品。

6）在产品按完工产品计算法

在产品按完工产品计算法是将在产品视同完工产品计算、分配生产费用。这种分配方法适用于月末在产品已接近完工，或产品已经加工完毕但尚未验收或包装入库的产品。这是因为在这种情况下，在产品已接近完工产品成本，为了简化产品成本计算工作，将在产品可以视同完工产品，按两者数量比例分配生产费用。

7）定额比例法

定额比例法是产品的生产费用按完工产品和月末在产品的定额消耗量或定额费用的比例，分配计算完工产品和月末在产品成本的一种方法。其中，原材料费用按原材料费用定额消耗量或原材料定额费用比例分配；工资和福利费、制造费用等各项加工费用，按定额工时或定额费用比例分配。这种方法适用于各项消耗定额或费用定额比较准确、稳定，但各月末在产品数量变化较大的产品。

### 1.2.3 成本计算的基本方法

1. 品种法

产品成本计算的品种法，是指以产品品种为成本核算对象，来归集生产费用，计算产品成本的一种方法。其特点是：成本核算对象一般只是企业的最终完工产品；成本计算期与每月的会计报告期一致；生产费用全部由完工产品负担。它适用于单步骤的大量生产（如发电、供水、采掘等）企业，或者生产是按流水线组织的、管理上不要求按照生产步骤计算半成品成本的大批量、多步骤生产（如糖果、饼干、水泥和造纸等）企业，以及企业内的供水、供电、供汽等辅助生产车间计算提供给基本生产车间和其他辅助生产车间使用的水、电、汽的劳务成本，都可以按品种法计算产品成本。

品种法核算成本的流程如图 1.11 所示。

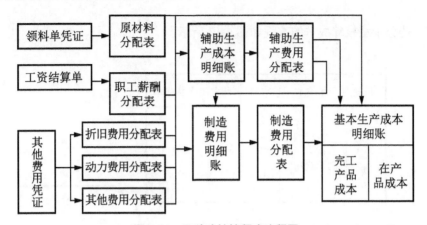

图 1.11　品种法核算程序流程图

2. 分批法

产品成本计算的分批法，是按照产品批别计算成本的一种方法。其特点是成本核算对象是工作所列的一件或一批产品；成本计算期是生产周期；一般不需要分配在产品成本。它主要适用于单件小批类型的生产，如造船业、重型机器制造业等。也可适用于一般工业企业中的新产品试制或试验的生产、在建工程和设备修理作业等以及不断更新产品的高档时装等企业。

分批法核算成本的流程如图 1.12 所示。

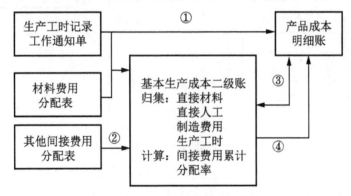

图 1.12　分批法核算程序流程图

3. 分步法

1）逐步结转分步法

产品成本计算分步法中结转成本的一种方法，亦称计列半成品成本法。按产品的生产步骤先计算半成品成本，再随实物依次逐步结转，最终计算出产成品成本。即从第一步骤开始，先计算该步骤完工半成品成本，并转入第二步骤，加上第二步骤的加工费用，算出第二步骤半成品成本，再转入第三步骤，以此类推，到最后步骤算出完工产品成本。逐步结转法下如果半成品完工后，不是立即转入下一步骤，而是通过中间成品库周转时，应设立"自制半成品"明细账。当完工半成品入库时,借记"自制半成品"账户,贷记"基本生产"账户。

逐步结转分步法核算成本的流程如图1.13所示。

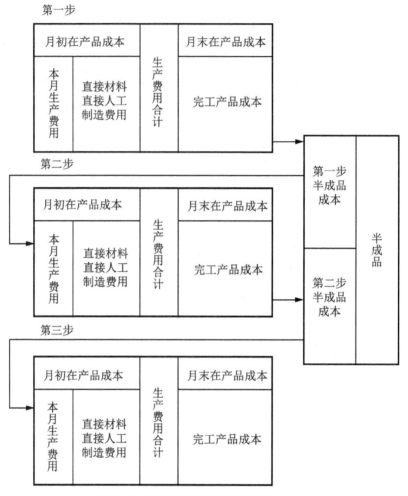

图1.13 逐步结转分步法核算程序流程图

逐步结转分步法下,半成品成本结转方式有两种,即逐步综合结转和分项结转。

(1)逐步综合结转法。逐步综合结转法是指各生产步骤耗用上一步骤的半成品成本,以其综合成本(不分成本项目)记入下一步骤成本计算单中的"直接材料"项目,或是设立"自制半成品"(或"半成品")项目。采用综合结转法结转半成品成本时,可按实际成本结转,仅可按计划成本结转。

采用逐步综合结转时,需要进行成本还原,即从最后一个步骤起,把各步骤所耗上一步骤半成品的综合成本,逐步分解、还原成直接材料、直接人工、制造费用等原始成本项目,从而求得按原始成本项目反映的产成品成本。还原分配率的计算公式为

还原分配率 = 本月产成品所耗上一步骤半成品成本合计 ÷ 本月所产该种半成品成本合计

(2) 分项结转法。分项结转法是将各生产步骤所耗上一步骤的半成品成本，按其成本项目分别记入各生产步骤产品生产成本计算单相同的成本项目内，以计算按成本项目反映的各步骤产品生产成本的方法。采用这种方法时，如果半成品是通过半成品库收发，其自制半成品明细账还必须按成本项目设专栏登记。分项结转，可以按实际成本结转，也可以按计划成本结转，然后按成本项目分项调整成本差异。由于后一种作法计算工作量较大，因而一般多采用按实际成本分项结转的方法。

2）平行结转分步法

平行结转分步法指半成品成本并不随半成品实物的转移而结转，而是在哪一步骤发生就留在该步骤的成本明细账内，直到最后加工成产成品，才将其成本从各步骤的成本明细账转出的方法。各生产步骤只归集计算本步骤直接发生的生产费用，不计算结转本步骤所耗用上一步骤的半成品成本；各生产步骤分别与完工产品直接联系，本步骤只提供在产品成本和加入最终产品成本的份额，平行独立、互不影响地进行成本计算，平行地把份额计入完工产品成本。该方法的关键是界定广义在产品。

平行结转分步法核算成本的流程如图 1.14 所示。

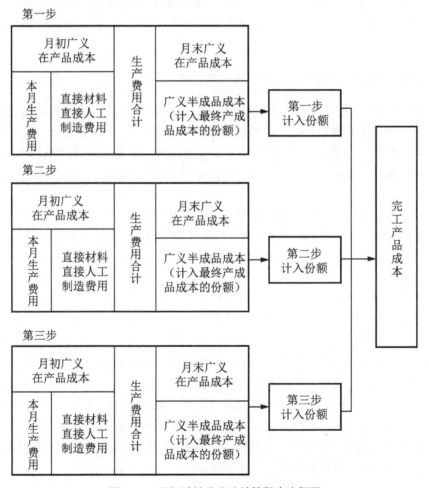

图 1.14　平行结转分步法核算程序流程图

### 1.2.4 成本报表的编制与分析

成本报表属于内部报表,是用以反映企业生产费用与产品成本的构成及其升降变动情况,以考核各项费用与生产成本计划执行结果的会计报表,是会计报表体系的重要组成部分。工业企业通常需要编制的成本报表包括产品生产成本表、主要产品单位成本报表、制造费用明细表、管理费用明细表、销售费用明细表和财务费用明细表。

成本报表的分析主要关注产品成本、费用本期实际数与计划数和上年实际数的比较,具体可以采用比较分析法、比率分析法、连环替代法等。

## 1.3 成本会计核算与管理制度

成本会计实训所涉及的相关制度包括企业产品成本核算制度、成本会计岗位职责、成本会计工作流程、存货核算管理办法、成本费用管理制度、成本核算制度等内容,具体包括财政部颁布的《企业产品成本核算制度》。此外,本书还针对某特定企业,采用举例、列示的方式,对成本会计及其核算管理制度进行阐述。需要说明的是,不同类型企业的成本核算差异较大,具体的制度也有所差别,本书仅为成本会计相关制度的一些特例。

### 1.3.1 财政部颁布的《企业产品成本核算制度(试行)》

2013年8月16日,财政部印发了《企业产品成本核算制度(试行)》(财会〔2013〕17号),该制度对产品成本核算对象,产品成本核算项目和范围,产品成本归集、分配和结转等方面都做了详细规定,该制度自2014年1月1日起在除金融保险业以外的大中型企业范围内施行,鼓励其他企业执行,执行本制度的企业不再执行《国营工业企业成本核算办法》(见附录A)。

为了规范石油石化企业产品成本核算,保证石油石化企业产品成本信息真实、完整,促进石油石化行业可持续发展,根据《中华人民共和国会计法》(以下简称《会计法》)《企业会计准则》《企业产品成本核算制度(试行)》等有关规定,2014年12月24日,财政部印发了《企业产品成本核算制度——石油石化行业》(见附录B),自2015年1月1日起在大中型石油石化企业范围内施行,其他石油石化企业参照执行。

为了规范钢铁企业产品成本核算,促进钢铁企业加强成本管理,提高经济效益,根据《会计法》《企业会计准则》《企业产品成本核算制度(试行)》等有关规定,2015年11月12日,财政部印发了《企业产品成本核算制度——钢铁行业》(见附录C),自2016年1月1日起在大中型钢铁企业范围内施行,其他钢铁企业参照执行。

为了贯彻落实《国务院》关于煤炭行业化解过剩产能实现脱困发展的意见》(国发〔2016〕7号)、《企业产品成本核算制度(试行)》,规范煤炭行业产品成本核算,促进煤炭企业加强成本管理,提高经济效益,财政部于2016年5月23日起草了《企业产品成本核算制度——煤炭行业(征求意见稿)》(见附录D)。

## 1.3.2 其他成本核算与管理制度

**1. 存货核算管理办法**

为加强企业存货管理和控制,保证存货的安全完整,提高存货运营效率,合理确认存货价值,降低财务风险,企业需要结合实际情况,制定存货核算管理办法,内容通常涉及存货的范围、职责及岗位分工、取得验收与入库控制、出库控制、盘点、减值和处置控制、监督检查等。存货核算管理办法示例,详见书后附录E。

**2. 成本费用管理制度**

为加强成本费用管理,防范成本费用业务过程中的差错和舞弊,降低成本费用耗用水平,提高单位经济效益,结合公司实际情况,成本费用管理制度的制定通常涉及成本费用的范围、职责及岗位分工、成本费用预算控制、成本费用核算与监督控制、成本费用分析等内容。成本费用管理制度示例,详见书后附录F。

**3. 成本会计岗位职责**

成本会计岗位主要负责公司原辅材料采购成本以及半成品、产成品产品、委托加工产品成本的核算与管理。具体职责包括以下内容。

1)负责本公司日常成本核算工作

(1)审核原材料入库单,填写单价,计算金额。

(2)原材料领用,采用先进先出法、移动加权平均法或一次加权平均法核算(出库)成本。

(3)按成本核算的内容、程序、方法,进行费用的归集和分配。

(4)负责"生产成本""制造费用"等成本类账户的核算。

(5)涉及多品种生产的,采用合理的分摊标准分摊材料和其他各项费用。

(6)涉及多工序生产,需要计算半成品成本的,应分步结转其成本。

(7)期末结转完工产品成本,编制成本汇总表和产品成本明细表。

2)负责本公司日常成本管理工作

(1)负责各类原材料的入库审核工作,并按财务制度规定督促库房管理部门认真执行材料采购、验收入库制度。

(2)依据采购申购单、进货票据、质量验收单、入库单、过磅单,审核采购数量、价格、品种、供应商是否准确、符合要求。

(3)做好材料的明细核算,并按收付单位、个人设置往来明细账,负责应付账款的清理核对工作,督促有关部门及时清理预付账款。

(4)了解材料的储备情况,对滞留积压材料要分析原因,提出处理意见,对保管不善造成损失的要及时向分管领导汇报,作出处理。

(5)会同有关部门建立健全材料、动力、工时等消耗定额、原材料损耗率,做好成本管理的基础工作。

(6)按成本核算的内容、程序、方法,进行费用的归集和分配,正确计算生产资料转移价值和应计入本期成本的费用额,完整地归集与核算成本计算对象所发生的各种耗费。

(7)每月及时汇总编制库存材料明细表、盘存表、应付账款明细表并上报主管领导。

3）负责成本会计档案、资料管理

（1）经核对无误的进货单，按对应的进货单编号，抄录归档。

（2）与成本有关的会计凭证，经总账审核无误后，期末统一装订成册。

4）负责期末盘点及报损、报溢单的处理

（1）定期核对材料仓库账和财务账，期末参与原材料、半成品实地盘点。

（2）对盘盈、盘亏的品种，要查找原因，填写报损报溢单。

（3）根据批准处理意见，对报损、报溢单作相应的会计处理。

（4）对盘点中容易出现的问题，提出预防改进建议。

5）协助总账会计工作

（1）配合总账会计工作，统一编号，统一口径，统一归档。

（2）协助总账会计进行期末进销存、生产成本、制造费用等项目的结转。

4．成本会计工作流程

（1）核算并管理生产成本：①建立健全生产成本核算科目，参与制定生产成本核算相关制度规定并提出建议；②根据稽核人员复核无误的凭证登记原材料核算明细账，及时结账，并与总账进行对账；③根据原材料明细账、制造费用明细账、管理费用明细账，编制生产成本明细账；④核算生产成本，编制生产成本报表，编写生产成本报告。

（2）分析生产成本构成及其变化情况，开展成本预算和控制等相关工作：①分析与预测生产成本各部分的市场变化情况，编制生产成本分析报告；②开展预算前期调研，提交生产成本预算要求和方案给上级审核；③监督预算执行情况，分析预算执行差异，编制并提交预算执行差异分析报告；④根据预算执行情况，编制预算调整方案；⑤参与制定生产目标成本，协助上级开展成本控制相关工作。

（3）处理公司各部门人员工资账目：①编制应付工资账目；②核算并处理应付工资明细账，编制工资分配表；③编制工资转账凭证。

（4）编制公司各项税目的账目：①审核、登记公司各项税目的金额；②编制各项税目的账目。

（5）完成上级交办的临时性工作及其他任务。

# 第 2 章

# Excel 在成本会计实训中的基础应用

## 教学目标

本章主要介绍成本会计核算和管理中 Excel 基础知识，学生应在对 Excel 进行简单熟悉的基础上，掌握成本会计实训中所涉及的 Excel 函数，重点掌握借助 Excel 绘制成本费用分配表和借助 Excel 图表进行成本分析，以提高自身通过 Excel 进行成本核算和管理的基础理论与实际技能。

## 教学要求

1. 了解 Excel 的基本功能；
2. 熟练掌握建立 Excel 表格的格式操作；
3. 熟练掌握成本会计实训中所涉及的 Excel 函数；
4. 基本掌握借助 Excel 图表进行成本分析。

## 2.1 Excel 入门知识准备

成本会计是运用会计的基本原理和一般原则，采用会计的基本方法，对企业在生产和经营过程中发生的各种耗费和产品或劳务成本进行连续、全面、系统的确认、计量、计算等活动。成本会计是现代会计的一个重要分支，包括成本预测、成本计划、成本决策、成本控制、成本分析和成本核算等具体内容。其中，成本核算是成本会计的基础。成本核算的计算工作量比较大，计算工程很规范，并且基本上每月的工作是重复的，需要编制各种成本计算或分配的表格。因此，成本核算特别适合采用计算机处理。但是，由于各类企业生产经营活动的内容不同，成本核算的过程和方法差别很大，因此，购买商品化的、现成的专用成本核算软件，并非是明智的选择。因为这些软件要么价格过高，要么不能适应企业成本核算的需要。除非是大型企业可以从企业信息化整体考虑，实施 ERP（Enterprise Resource Planning，企业资源计划）系统。一般的中小企业，自己动手，利用各种能够得到的价格相对比较便宜的通用软件实施企业成本核算，进而开展成本分析、预测、决策、计划等，是一个实用、可行的实施方案。

Microsoft Excel 是微软公司的办公软件 Microsoft Office 的组件之一，是由微软公司为安装 Windows 或 Apple Macintosh 操作系统的电子计算机而编写的一款试算表软件。Excel 是微软办公套装软件的一个重要组成部分，是一种基于行列关系的表格处理软件，很容易进行数据的录入、添加、编制、排序、筛选等操作。它可以进行各种数据的处理、统计分析和辅助决策操作，广泛应用于管理、统计财经、金融等众多领域。

Excel 具有非常强大的数据处理、数据管理和图表制作功能，对于成本会计人员而言，Excel 是进行成本核算、成本分析和预测决策的最重要的工具。成本会计需要大量的数据处理、运算。Excel 可以提供公式与函数、自动填充柄、"宏"命令、规划求解等具体功能，使成本的计算和分析不再烦琐。

### 2.1.1 Excel 操作界面和主要功能

Excel 有很多版本，从 5.0 版起，功能上已经基本定型，只是在操作的界面和简便性上提高不少，在与网络的结合方面也有较大改进。Excel 的界面如图 2.1 所示。

Excel 操作非常简便，但是功能却非常强大，应用面非常广泛，主要运用在财务、会计、统计、行政等领域。

Excel 的主要功能有以下几个方面：

（1）表格制作。Excel 可以编制各种样式的财务或统计报表，可以通过建立查询从各种数据库中直接取数完成表格的编制。

（2）数值运算。Excel 的公式和函数功能极大地方便了数字运算和数值处理，几乎可以完成所有的财务和会计日常业务所碰到的各种数据加工、处理和计算工作。

（3）数据分析。Excel 的数据分析功能强大，可以制作各种分析方案和数据透视表，进行各种分析。

（4）Visual Basic for Applications(VBA) 的运用。VBA 运用在 Excel，使 Excel 成为完全的开发环境，有时候仅仅使用宏录制器，便可以构建完美的宏，实现程序的自动操作。

第 2 章　Excel 在成本会计实训中的基础应用

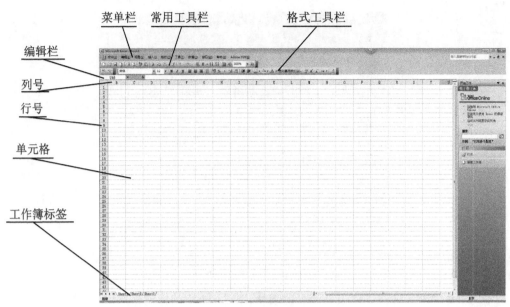

图 2.1　Excel 的操作界面

### 2.1.2　建立表格的格式操作

Excel 最常用的功能就是编制各种格式的表格，为了使表格更美观，更容易阅读和理解表格的内容，通常要对表格进行格式化操作。Excel 把表格看成是各个单元格的集合，每个单元格的格式组成表格的整体格式。

单元格格式操作主要通过使用菜单栏的格式命令打开单元格格式面板和使用格式化快捷工具条完成。格式化快捷工具条如图 2.2 所示。

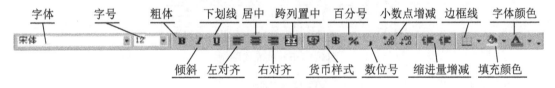

图 2.2　格式化快捷工具

使用格式化快捷工具条可以比较方便地对单元格进行格式化操作。但是，工具条提供的仅仅是一些常用的格式工具，要使用其他一些比较操作，就需要打开单元格格式面板进行操作。单元格格式面板如图 2.3 所示。

格式化面板有 6 个标签，其中"数字"标签提供各种数字格式，包括数值、货币、会计专用、日期、时间等格式，并可以根据需要自定义各种格式。"对齐"标签提供水平和垂直对齐方式、文本的缩进量、自动换行、文本方向、倾斜角度等格式功能。"字体"标签提供字体、字形、字号、下划线、颜色、上下标等格式功能。"边框"标签提供各种边框线的设置、颜色、类型等格式功能。"图案"标签提供单元格底纹图案和颜色等格式功能。"保护"标签提供单元格锁定、隐藏和工作表保护功能。

21

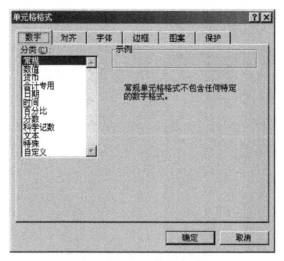

图 2.3　单元格格式面板

图 2.4 是运用各种格式化工具编制的表格，其中，表格的标题采用"华文仿宋"字体、"粗体"字形、14 号字号，并且跨列置中。表内各行的标题和各列的标题采用"宋体"字体、"标准"字形、11 号字号，表内的数字采用"Times New Roman"字体、"标准"字形、11 号字号，所有单元格都居中。

| | A | B | C | D | E | F |
|---|---|---|---|---|---|---|
| 1 | 表2-1　天华公司年度销售收入明细表 | | | | | |
| 2 | 产品 | 一季度 | 二季度 | 三季度 | 四季度 | 全　年 |
| 3 | 甲产品 | 2530 | 2563 | 2463 | 1236 | 8792 |
| 4 | 乙产品 | 2465 | 2856 | 2456 | 1854 | 9631 |
| 5 | 丙产品 | 2587 | 2684 | 2543 | 1357 | 9171 |
| 6 | 丁产品 | 2709 | 2512 | 2630 | 1425 | 9276 |
| 7 | 合　计 | 10291 | 10615 | 10092 | 5872 | 36870 |

图 2.4　Excel 表格图例

单元格格式化使表格更加清晰、更加易于理解。

## 2.2　成本会计实训中涉及的 Excel 函数

### 2.2.1　ROUND 函数

在日常工作中，特别是财务计算中常常遇到四舍五入的问题。虽然，Excel 的单元格格式中允许定义小数位数，但是在实际操作中，数字本身并没有真正实现四舍五入。如果采用这种四舍五入的方法，在财务运算中常常会出现误差，而这是财务运算所不允许的。

如图 2.5 所示，A1:A5 是原始数据，B1:B5 是通过设置单元格格式，对其保留两位小数的结果。C1:C5 是把 A1:A5 的原始数据先四舍五入后，再输入的数据。而 A6、B6、C6 是分别对上述三列数据"求和"的结果。我们先看 B 列和 C 列，同样的数据，求和后居然得出了不同的结果。再观察 A 列和 B 列，不难发现这两列的结果是一致的，也就是说 B 列并没有真正实现四舍五入，只是把小数位数隐藏了。

|   | A | B | C |
|---|---|---|---|
| 1 | 0.1234 | 0.12 | 0.12 |
| 2 | 0.122 | 0.12 | 0.12 |
| 3 | 0.125 | 0.13 | 0.13 |
| 4 | 0.126 | 0.13 | 0.13 |
| 5 | 0.127 | 0.13 | 0.13 |
| 6 | 0.6234 | 0.62 | 0.63 |

图 2.5　设置单元格格式原始图例

ROUND 函数可以返回某个数字按指定位数四舍五入后的数字。在 Excel 中执行"插入→函数"命令，弹出"插入函数"对话框，选择"数学与三角函数"中的"ROUND"函数（见图 2.6）。ROUND(number，num_digits)，它的功能就是根据指定的位数将数字四舍五入，这个函数有两个参数，分别是 number 和 num_digits，其中 number 就是将要进行四舍五入的数字，num_digits 则是希望得到数字的小数点后的位数。

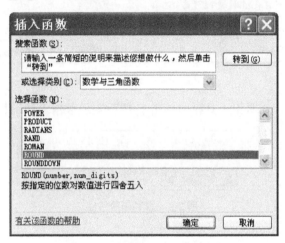

图 2.6　插入 ROUND 函数界面

还是以图 2.5 中 A1 列数据为例，具体操作如下：在单元格 E2 中输入"=ROUND(A1，2)"（见图 2.7），即对 A1 单元格的数据进行四舍五入后保留两位小数的操作。按 Enter 键之后，便会得到 0.12 这个结果。然后，选中 E1 这个单元格，拖动右下角的填充柄按钮至 E5 单元格，在 E6 单元格对 E1:E5 求和便得到如图 2.7 所示的结果。这就与 C6 单元格的结果一致了，说明真正实现了四舍五入。

| | E1 | | fx | =ROUND(A1,2) |
|---|---|---|---|---|
| | A | B | C | D | E |
| 1 | 0.1234 | 0.12 | 0.12 | | 0.12 |
| 2 | 0.122 | 0.12 | 0.12 | | 0.12 |
| 3 | 0.125 | 0.13 | 0.13 | | 0.13 |
| 4 | 0.126 | 0.13 | 0.13 | | 0.13 |
| 5 | 0.127 | 0.13 | 0.13 | | 0.13 |
| 6 | 0.6234 | 0.62 | 0.63 | | 0.63 |

图 2.7　通过 ROUND 函数保留两位小数图例

### 2.2.2 SUM 函数

SUM 函数为求和函数，是计算所选单元格内数值的总和。在 Excel 中执行"插入→函数"命令，弹出"插入函数"对话框，选择"数学与三角函数"中的"SUM"函数（见图 2.8）。

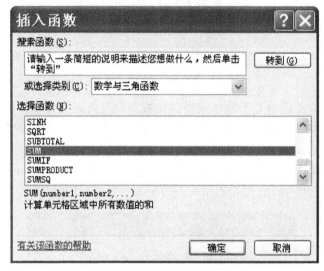

图 2.8　插入 SUM 函数界面

更简便的方法是，在常用工具栏内单击 ∑ 图标实现数据求和运算，如图 2.9 所示。

图 2.9　求和函数按钮

## 2.3　借助 Excel 绘制成本费用分配表

### 2.3.1　自动换行

当一个单元格的数据内容超过所设定的列宽时，可以要求自动换行（行高随之改变），其操作步骤如下：

(1) 选中欲设定自动换行的一个或者多个单元格。
(2) 执行"格式→单元格"命令。
(3) 在弹出的"单元格格式"对话框中选择"对齐"标签。
(4) 勾选"自动换行"复选框即可（见图 2.10）。

### 2.3.2　文字旋转

工作表中有时需要直排或旋转数据的方向。方法是在"单元格格式"对话框中选择"对齐"标签，再在"方向"框中选中所要的格式（见图 2.10）。

第 2 章　Excel 在成本会计实训中的基础应用

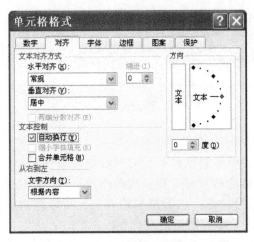

图 2.10　自动换行操作界面

### 2.3.3　绘制斜线表头

一般情况下，在 Excel 中制作表头，都把表格的第一行作为表头，然后输入文字。如何在 Excel 中实现斜线表头呢？具体方法是：由于作为斜线表头的单元格要比其他单元格大，所以首先将表格中第一个单元大小调整好。然后单击选中单元格，执行"格式→单元格"命令，弹出"单元格格式"对话框，选择"对齐"标签，将垂直对齐的方式选择为"靠上"，勾选"文本控制"下面的"自动换行"复选框（见图 2.11）；再选择"边框"标签，单击"外边框"按钮，使表头外框有线，接着单击下面的"斜线"按钮（见图 2.12），为此单元格添加一格对角线，设置好后，单击"确定"按钮。

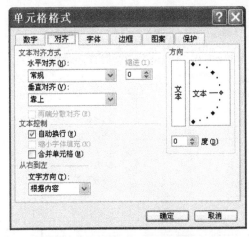

图 2.11　单元格格式"对齐"操作界面　　　图 2.12　单元格格式"边框"操作界面

这时 Excel 的第一个单元格中将多出一条对角线。然后双击第一单元格，进入编辑状态，并输入文字，如"项目""月份"，接着将光标放在"项"字前面，连续按空格键，使这 4 个字向后移动；然后在"月"字前面，连续按空格键，当"月份"两个字超过单元格时，将自动换到下一行。效果如图 2.13 所示。

图 2.13 Excel 斜线表头图例

### 2.3.4 克隆数据

在实际工作中应用的表格数据具有不同的特点，如一个表格的某一列数据与另一表格的数据相同；一个表格的某一行（列）数据相同；一个表格的某一行（列）数据呈等差（如 1、3、5、7、9）等特点；这数据的输入当然可以直接输入，但如果使用克隆功能可以大大提高数据输入效率和数据的准确性。

数据的克隆可以在表格单元纵横两个方向上进行，在横的方向上，可以向右克隆，即用最左边的单元内容向右复制；也可以向左克隆，即用最右的单元内容向左复制。在纵的方向上，可以向下克隆，即用最上面的单元内容向下复制；可以向上克隆，即用最下面的单元内容向上复制。

"克隆"Excel 表格数据有以下两种情况。

1. 相同数据的克隆

相同数据的克隆步骤如下：

（1）确定克隆数据的范围。例如，在单元格中输入"1"，然后选择需要填充的区域 A1:A10，如图 2.14 所示。

（2）执行"编辑→填充"命令，选择克隆的方向。如本例中，执行"向下填充"命令，如图 2.15 所示，则结果 A1:A10 都填充为"1"。

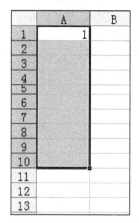

图 2.14 克隆数据的范围

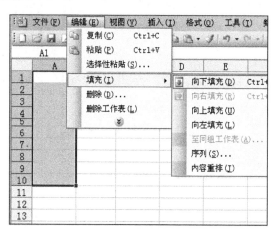

图 2.15 向下填充

注意：该步骤主要用于"向上填充"和"向左填充"。如果是"向下填充"和"向右填充"的情况，可以采用更简化的步骤：首先选择需要复制的单元格，然后将鼠标指针移至单元格右下方，待指针变形为黑色粗体加号时，按住鼠标左键拖动需要填充的单元格。

## 2. 序列数据的克隆

序列数据可以是连续数据,也可以是等比数据、等差数据。序列数据的克隆步骤如下:

(1) 确定克隆的范围,并输入第一数据。

(2) 执行"编辑→填充→序列"命令,弹出"序列"对话框,如图 2.16 所示。可以根据需要设定步长值和终止值,以及序列的类型等内容。

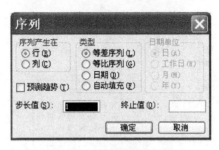

图 2.16 序列数据的克隆

### 2.3.5 条件格式

在一些分配表中或者是成本分析表中,将不同类型的数据设定为不同的颜色,可以便于查找数据,或者是突出显示一些特殊的数据。"条件格式"就可以达到这种效果。

在如图 2.17 所示的成本汇总表中,如果想让大于等于 2 000 元的成本以"红色"显示,大于等于 1500 元的成本以"蓝色"显示,小于 1000 元的成本以"深红色"显示,其他以"黑色"显示。

| | A | B | C | D |
|---|---|---|---|---|
| 1 | | | | |
| 2 | 产品成本汇总表 | | | |
| 3 | | | | |
| 4 | 产品名称 | 直接材料 | 直接人工 | 制造费用 | 总成本 |
| 5 | A | 300 | 400 | 600 | 1300 |
| 6 | B | 400 | 900 | 400 | 1700 |
| 7 | C | 400 | 100 | 300 | 800 |
| 8 | D | 500 | 600 | 500 | 1600 |
| 9 | E | 600 | 200 | 400 | 1200 |
| 10 | F | 800 | 800 | 700 | 2300 |
| 11 | G | 700 | 100 | 100 | 900 |
| 12 | H | 800 | 500 | 900 | 2200 |
| 13 | I | 100 | 200 | 300 | 600 |
| 14 | J | 900 | 100 | 800 | 1800 |
| 15 | | | | | |
| 16 | | | | | |

图 2.17 成本汇总表

操作步骤如下:

(1) 选中"总成本"中需要设置条件格式的单元格区域,执行"格式→条件格式"命令,弹出"条件格式"对话框,如图 2.18 所示。

图 2.18 "条件格式"对话框

单击第二个方框右侧的下拉按钮,选中"大于或等于"选项,在后面的方框中输入数值"2 000"。单击"格式"按钮,弹出"单元格格式"对话框,如图2.19所示,将"字体"的"颜色"设置为"红色"。

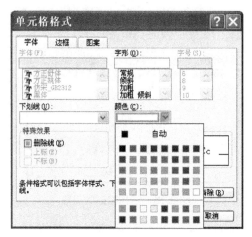

图2.19 "单元格格式"对话框

(2) 单击"添加"按钮,并仿照上面的操作设置好其他条件。大于等于1 500,字体设置为"蓝色";小于1 000,字体设置为"深红色",如图2.20所示。设置完成后,单击"确定"按钮,结果如图2.21所示。

图2.20 "条件格式"设置

| | A | B | C | D | E |
|---|---|---|---|---|---|
| 1 | | | | | |
| 2 | | | 产品成本汇总表 | | |
| 3 | | | | | |
| 4 | 产品名称 | 直接材料 | 直接人工 | 制造费用 | 总成本 |
| 5 | A | 300 | 400 | 600 | 1300 |
| 6 | B | 400 | 900 | 400 | 1700 |
| 7 | C | 400 | 100 | 300 | 800 |
| 8 | D | 500 | 600 | 500 | 1600 |
| 9 | E | 600 | 200 | 400 | 1200 |
| 10 | F | 800 | 800 | 700 | 2300 |
| 11 | G | 700 | 100 | 100 | 900 |
| 12 | H | 800 | 500 | 900 | 2200 |
| 13 | I | 100 | 200 | 300 | 600 |
| 14 | J | 900 | 100 | 800 | 1800 |
| 15 | | | | | |

图2.21 设置了条件格式的成本汇总表

注意：条件格式不仅能设置不同数据类型的不同颜色，也可以设置不同数据的不同字体、不同边框等格式。另外，条件格式只能设置 3 个。

### 2.3.6　同时查看不同工作表中多个单元格内的数据

有时，我们编辑某个工作表（Sheet1）时，需要查看其他工作表中（Sheet2、Sheet3、……）某个单元格的内容，可以利用 Excel 的"监视窗口"功能来实现。

执行"视图→工具栏→监视窗口"命令（见图 2.22），打开"监视窗口"（见图 2.23），单击其中的"添加监视"按钮，弹出"添加监视点"对话框（见图 2.24），用鼠标选中需要查看的单元格后，然后单击"添加"按钮。重复前述操作，添加其他"监视点"。以后，无论在哪个工作表中，只要打开"监视窗口"，即可查看所有被监视点单元格内的数据和相关信息。

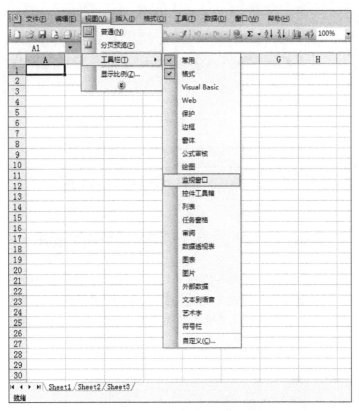

图 2.22　"监视窗口"功能

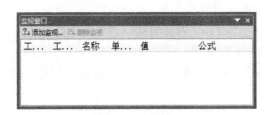

图 2.23　监视窗口

图 2.24 添加监视点

例如，弹出"添加监视点"对话框后，用鼠标分别添加监视点，分别是工作表 Sheet1 中 A1、工作表 Sheet2 中的 A1、工作表 Sheet3 中的 A1，则监视窗口将分别显示所选择的单元格信息，如图 2.25 所示。此后，无论在哪个工作表中，只要打开"监视窗口"，即可查看所有被监视点单元格内的数据信息；双击"监视窗口"中所显示的某个单元格信息，将直接跳转到该单元格，并呈现为活动单元格。

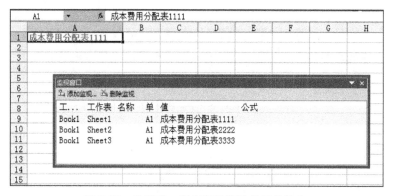

图 2.25 监视窗口显示所选择的单元格信息

## 2.4 Excel 图表在成本分析中的应用

图表可以用来表现数据间的某种相对关系，在常规状态下我们一般运用柱形图比较数据间的多少关系；用折线图反映数据之间的趋势关系；用饼图表现数据之间的比例分配关系。运用 Excel 的图表制作可以生成多种类型的图表，如柱形图、条形图、折线图、饼图、散点图等。

### 2.4.1 图表制作基本步骤

制作 Excel 图表的操作步骤如下：

（1）执行"开始→程序→Microsoft Excel"命令，进入 Excel 工作界面，先制作统计表格，并拖动选取要生成图表的数据区。

（2）执行"插入→图表"命令，或者直接单击"图表向导"按钮，如图 2.26 中所圈示。此后，将弹出"图表向导 -4 步骤之 1- 图表类型"对话框（见图 2.27），根据数据特点和分析需要，可以选择图表类型为柱形图、条形图、折线图、饼图、散点图等，单击"下一步"按钮。

第 2 章 Excel 在成本会计实训中的基础应用

图 2.26 "图表向导"按钮

图 2.27 "图表向导 -4 步骤之 1- 图表类型"对话框

(3) 弹出"图表向导 -4 步骤之 2- 图表数据源"对话框，根据需要选择系列产生在行或列，单击"下一步"按钮，如图 2.28 所示。

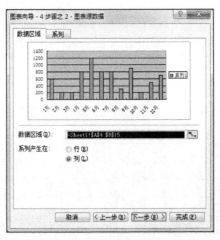

图 2.28 "图表向导 -4 步骤之 2- 图表数据源"对话框

(4) 弹出"图表向导 -4 步骤之 3- 图表选项"对话框，此时有一组选项标签，可根据个人生成图表的需要选择，用来确定生成的图表中需要显示的图表标题、轴标题、网格线等信息，如图 2.29 所示。

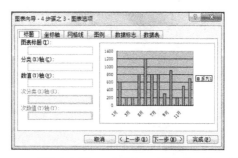

图 2.29 "图表向导-4 步骤之 3-图表选项"对话框

(5) 通常直接单击"下一步"按钮弹出"图表向导-4 步骤之 4-图表位置"对话框，在默认状态下，程序会将生成的图表嵌入当前工作表单中。如果希望图表与表格工作区分开，选择新工作表项，输入新表单的名称，如图 2.30 所示。

图 2.30 "图表向导-4 步骤之 4-图表位置"对话框

(6) 如果以上各步骤的操作发生错误，可单击"上一步"按钮返回重新选择，完成图表向导第四步骤操作后，如没有错误，单击"完成"按钮，将生成相应的 Excel 图表。

### 2.4.2 条件格式图

条件格式图表的柱状图能在不同的数据区间使用不同的颜色表现出来。如某公司根据全年各月的材料成本数据，制作柱状图，在未采用条件格式时，作出的图表如图 2.31 所示。

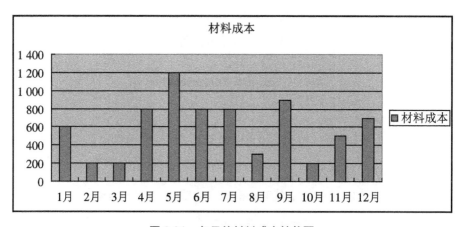

图 2.31 各月的材料成本柱状图

为了将不同数据区间用不同颜色显示，采用条件格式图表进行处理。首先，在工作表 C1:F2 单元格中输入相应条件范围；在 C4 单元格内输入如下公式：=IF($B4>C$1,IF($B4<=C$2,$B4,NA()),NA())，将 C4 单元格的公式复制到 C4:F15 区间内，如图 2.32 所示。

| | A | B | C | D | E | F |
|---|---|---|---|---|---|---|
| 1 | | | 0 | 301 | 601 | 901 |
| 2 | | | 300 | 600 | 900 | 1200 |
| 3 | 月份 | 材料成本 | 介于0~300 | 介于301~600 | 介于601~900 | 介于901~1200 |
| 4 | 1月 | 600 | #N/A | 600 | #N/A | #N/A |
| 5 | 2月 | 200 | 200 | #N/A | #N/A | #N/A |
| 6 | 3月 | 200 | 200 | #N/A | #N/A | #N/A |
| 7 | 4月 | 800 | #N/A | #N/A | 800 | #N/A |
| 8 | 5月 | 1200 | #N/A | #N/A | #N/A | 1200 |
| 9 | 6月 | 800 | #N/A | #N/A | 800 | #N/A |
| 10 | 7月 | 800 | #N/A | #N/A | 800 | #N/A |
| 11 | 8月 | 300 | 300 | #N/A | #N/A | #N/A |
| 12 | 9月 | 900 | #N/A | #N/A | 900 | #N/A |
| 13 | 10月 | 200 | 200 | #N/A | #N/A | #N/A |
| 14 | 11月 | 500 | #N/A | 500 | #N/A | #N/A |
| 15 | 12月 | 700 | #N/A | #N/A | 700 | #N/A |

图 2.32　条件格式图表设置

选中工作表中 C3:F15 区域重新制作柱状图，如图 2.33 所示，采用条件格式作出的图表中用不同颜色标示不同数据区间。

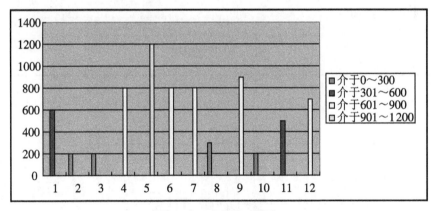

图 2.33　条件格式图表

### 2.4.3　显示数值的图表

采用图表常用制作步骤绘制 1～12 月份成本费用直方图，如图 2.34 所示。但是，图表上不便于直接获取成本费用的具体数据。

我们可以右击图表，在弹出的快捷菜单中执行"图表选项"命令，弹出"图表选项"对话框，选择"数据表"标签（见图 2.35），勾选"显示数据表 (D)"复选框，则将在图表下方显示数据表，如图 2.36 所示。

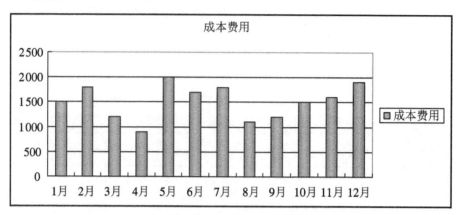

图 2.34　成本费用直方图

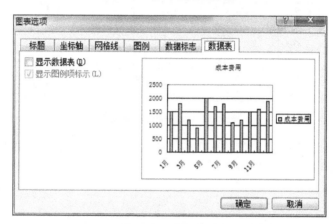

图 2.35　图表选项

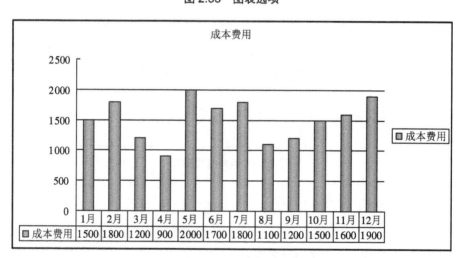

图 2.36　显示数据的图表

## 2.4.4 比较直方图

例如，某企业 1—6 月亏损产品与盈利产品数据情况如图 2.37 所示，为了比较亏损产品与盈利产品情况，可采用比较直方图反映。

根据上述数据插入图表，并选择"条形图"图标类型。此后分别作如下设置：

（1）右击柱状条，在弹出的快捷菜单中执行"数据系列格式"命令，弹出"数据系列格式"对话框，选择"选项"标签（见图 2.38），将"重叠比例"设为 100，使两边柱状条对齐；将"分类间距"设置为 80，用于设定柱状条之间的距离。

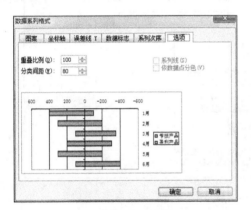

图 2.37 亏损产品与盈利产品数据

（2）右击两个柱状条中间的坐标轴，在弹出的快捷菜单中执行"坐标轴格式"命令，弹出"坐标轴格式"对话框，选择"图案标签"标签，将"刻度线标签"设定为"图外"（见图 2.39）；再选择"坐标轴格式"窗口中的"刻度"标签，勾选"分类次序反转(R)"复选框（见图 2.40）。

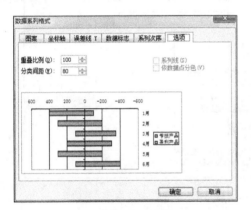

图 2.38 数据系列格式

图 2.39 图案标签

图 2.40 坐标轴格式

（3）选择坐标轴并右击，在弹出的快捷菜单中执行"坐标轴格式"命令，弹出"坐标轴格式"对话框，选择"刻度"标签（见图 2.41），将"分类 (X) 轴交叉于 (C)"设置为 0。

图 2.41　刻度格式

经过上述设置，则可绘制好比较直方图，如图 2.42 所示。

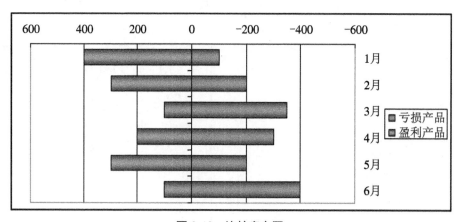

图 2.42　比较直方图

# 第 3 章

# 基于 Excel 的成本会计单项技能训练

### 教学目标

本章主要介绍 Excel 成本会计核算过程中，要素费用、辅助生产费用、制造费用等项目的归集和分配，主要是通过 Excel 进行具体的实务操作，从而提高学生通过 Excel 进行成本核算和管理的实际技能。

### 教学要求

1. 熟练应用 Excel 编制材料费用分配表、人工费用分配表、制造费用分配表、辅助生产费用分配表、完工产品与在产品之间的费用分配表等；
2. 熟练掌握 Excel 工作表中的公式输入和编辑、工作表的保护、小数点位数保留函数的应用等。

## 3.1 材料费用计算与分配技能训练

### 3.1.1 材料费用计算与分配案例概况

解析视频

【例 3-1】天海公司 20×× 年 12 月生产 A、B 两种基本产品，共同耗用甲种原材料 10 000 元。该公司 A 产品单位原材料消耗定额为 16 千克，B 产品单位原材料消耗定额为 30 千克。A 产品本月产量为 500 件，B 产品本月产量为 620 件。

【要求】

（1）按照原材料的定额消耗量比例分配 A、B 两种产品所耗用的甲原材料费用。
（2）编制 Excel 材料费用分配表。

### 3.1.2 应用 Excel 编制材料费用分配表

利用 Excel 编制材料费用分配表，具体操作步骤如下。

1. 创建 Excel 工作表

根据案例信息，将天海公司 A、B 两种产品的原材料使用情况制作为"甲原材料费用分配表"，如图 3.1 所示。

图 3.1 制作原材料费用分配表

2. 计算定额消耗量

根据产品原材料定额消耗量计算公式，计算 A、B 产品的定额消耗量，Excel 中编辑公式如图 3.2 所示。

原材料定额消耗量计算公式为

原材料定额消耗量 = 该产品实际产量 × 单位产品原材料定额消耗量

图 3.2 编辑原材料定额消耗量计算公式

同理，在 D4 单元格内编辑公式，或者直接在 D3 单元格编辑好公式后按 Enter 键，再单击单元格右下角的填充柄直接下拉生成公式即可。最后，计算出定额消耗量的合计数，如图 3.3 所示。

## 第 3 章 基于 Excel 的成本会计单项技能训练

图 3.3 原材料定额消耗量合计

**3. 计算原材料费用分配率**

计算原材料费用分配率，编辑公式如图 3.4 所示。

原材料费用分配率计算公式为

原材料费用分配率 = 原材料实际费用总额 ÷ 各种产品原材料定额消耗量之和

图 3.4 编辑原材料费用分配率计算公式

编辑好公式后按 Enter 键，设置单元格格式为数值类型。

此外，若将原材料分配率设置为取值小数点后 4 位，可借助第 2 章提到的"Round"函数。具体做法是，在原材料分配率单元格内，输入"=ROUND(F5/D5,4)"，直接按 Enter 键，则分配率保留小数点后 4 位，如图 3.5 所示。

图 3.5 采用 Round 函数编辑原材料费用分配率计算公式

**4. 计算 A、B 两产品的所耗用的甲材料费用**

根据分配公式编辑 Excel 单元格，如图 3.6 所示，按 Enter 键后即可求得 A 产品所耗用的甲原材料费用。原材料费用分配公式为

某产品应分配原材料费用 = 该种产品的原材料定额消耗量 × 原材料费用分配率

图 3.6 A 产品所耗用的甲原材料费用计算公式

为了防止因小数点四舍五入造成的尾差，在计算 B 产品所耗用的甲原材料费用时，需用原材料费用合计减去 A 产品所耗用的甲原材料费用，如图 3.7 所示。

图 3.7 B 产品所耗用的甲原材料费用计算公式

### 3.1.3 知识要点提示

（1）注意利用 Excel 中的"数据填充"功能以简化公式编辑工作量。
（2）利用 ROUND 函数，进行小数点位数的设定。
（3）充分考虑到分配率的四舍五入问题，利用数据倒剂，消除尾差的影响。

## 3.2 人工费用计算与分配技能训练

### 3.2.1 人工费用计算与分配案例概况

解析视频

【例 3-2】某公司生产 A、B 和 C 三种产品，A、B、C 产品计时工资共计 600 000 元，A、B、C 产品的生产工时分别为 1 500 小时、1 000 小时和 2 000 小时。

【要求】

（1）按照生产工时比例法分配 A、B、C 三种产品所耗用的人工费用。
（2）编制 Excel 人工费用分配表。

### 3.2.2 应用 Excel 编制工资薪酬费用分配表

利用 Excel 编制人工费用分配表，具体操作步骤如下。

1. 创建 Excel 工作表

根据案例信息，将该公司 A、B、C 三种产品的生产工时及工资情况制作成工资薪酬费用分配表，如图 3.8 所示。

图 3.8 制作工资薪酬费用分配表

2. 计算工资费用分配率

计算工资费用分配率，编辑公式如图 3.9 所示。

工资费用分配率计算公式为

工资费用分配率 = 车间生产工人计时工资总额 ÷ 该车间各种产品生产工时总额

假设分配率需要保留 4 位小数，则在分配率单元格内，输入“=round(D6/B6,4)”，直接按 Enter 键。

SUM　=ROUND(D6/B6,4)

| | A | B | C | D |
|---|---|---|---|---|
| 1 | 人工费用分配表 | | | |
| 2 | 项目 | 生产工时 | 工资费用分配率 | 工资费用 |
| 3 | A | 1,500 | =ROUND(D6/B6,4) | |
| 4 | B | 1,000 | | |
| 5 | C | 2,000 | | |
| 6 | 合计 | 4,500 | | 600,000 |
| 7 | | | | |

图 3.9　工资费用分配率的编辑公式

3. 分配人工费用

根据分配公式编辑 Excel 单元格，如图 3.10 所示，按 Enter 键即可求得 A 产品所耗用的工资费用。

工资费用分配公式为

某产品应分配计时工资 = 改产品生产工时 × 工资费用分配率

SUM　=B3*$C$3

| | A | B | C | D |
|---|---|---|---|---|
| 1 | 人工费用分配表 | | | |
| 2 | 项目 | 生产工时 | 工资费用分配率 | 工资费用 |
| 3 | A | 1,500 | 133.3333 | =B3*$C$3 |
| 4 | B | 1,000 | | |
| 5 | C | 2,000 | | |
| 6 | 合计 | 4,500 | | 600,000 |
| 7 | | | | |

图 3.10　A 产品所耗用的工资费用计算公式

然后填充公式，计算 A 产品所耗用的工资费用；最后，为了防止因小数点四舍五入造成的尾差，在计算 C 产品所耗用的工资费用时，需要倒剂，如图 3.11 所示。

SUM　=D6-D3-D4

| | A | B | C | D |
|---|---|---|---|---|
| 1 | 人工费用分配表 | | | |
| 2 | 项目 | 生产工时 | 工资费用分配率 | 工资费用 |
| 3 | A | 1,500 | 133.3333 | 200,000 |
| 4 | B | 1,000 | | 133,333 |
| 5 | C | 2,000 | | =D6-D3-D4 |
| 6 | 合计 | 4,500 | | 600,000 |
| 7 | | | | |

图 3.11　C 产品所耗用的工资费用计算公式

### 3.2.3 知识要点提示

(1) 利用 ROUND 函数,进行小数点位数的设定。

(2) 在 A 产品所耗用的工资费用计算公式中,需要将分配率对应的单元格进行绝对引用(绝对引用符号为"$"),这样以确保进行填充时数据计算正确。

## 3.3 辅助生产费用计算与分配技能训练

### 3.3.1 辅助生产费用计算与分配案例概况

解析视频

【例 3-3】某企业设有供电、锅炉两个辅助生产车间,20×× 年 3 月有关辅助生产成本分配资料如下:

(1) 供电车间发生的费用为 88 000 元,锅炉车间发生的费用为 36 000 元。

(2) 车间辅助生产劳务供应通知单内容如下:供电车间共提供 220 000 度电,其中:锅炉车间耗用 20 000 度;甲产品耗用 80 000 度,乙产品耗用 60 000 度,车间一般耗用 50 000 度;管理部门耗用 10 000 度。

(3) 锅炉车间共提供 6 000 吨蒸汽,其中:供电车间耗用 1 000 吨;甲产品耗用 2 000 吨,乙产品耗用 1 500 吨,车间一般耗用 900 吨;管理部门耗用 600 吨。

【要求】

(1) 根据交互分配法分配辅助生产费用。

(2) 编制 Excel 辅助生产费用分配表。

### 3.3.2 应用 Excel 编制辅助生产费用分配表

根据交互分配法利用 Excel 编制辅助生产费用分配表,具体操作步骤如下。

**1. 创建 Excel 工作表**

根据案例所给资料,按照交互分配法对各辅助生产车间的成本费用进行两次分配制作辅助生产费用分配表如图 3.12 所示。

| | A | B | C | D | E | F | G | H | I |
|---|---|---|---|---|---|---|---|---|---|
| 1 | 辅助生产费用分配表 | | | | | | | | |
| 2 | 项目 | | | 交互分配 | | | 对外分配 | | |
| 3 | 辅助车间名称 | | | 供电 | 锅炉 | 合计 | 供电 | 锅炉 | 合计 |
| 4 | 待分配辅助生产费用 | | | 88,000 | 36,000 | 124,000 | | | |
| 5 | 劳务供应数量 | | | 220,000 | 6,000 | 226,000 | | | |
| 6 | 费用分配率(单位成本) | | | | | | | | |
| 7 | 辅助生产车间耗用 | 供电 | 耗用数量 | | 1,000 | | | | |
| 8 | | | 分配金额 | | | | | | |
| 9 | | 锅炉 | 耗用数量 | 20,000 | | | | | |
| 10 | | | 分配金额 | | | | | | |
| 11 | 基本生产车间耗用 | 甲产品 | 耗用数量 | | | | 80,000 | 2,000 | |
| 12 | | | 分配金额 | | | | | | |
| 13 | | 乙产品 | 耗用数量 | | | | 60,000 | 1,500 | |
| 14 | | | 分配金额 | | | | | | |
| 15 | | 一般耗用 | 耗用数量 | | | | 50,000 | 900 | |
| 16 | | | 分配金额 | | | | | | |
| 17 | 管理部门耗用 | | 耗用数量 | | | | 10,000 | 600 | |
| 18 | | | 分配金额 | | | | | | |
| 19 | 分配金额合计 | | | | | | | | |

图 3.12 编制辅助生产费用分配表

## 2. 交互分配

(1) 分别计算供电车间电费和锅炉车间蒸汽费的交互分配率，如图 3.13、图 3.14 所示。

图 3.13 供电车间电费交互分配率计算公式

图 3.14 锅炉车间蒸汽费交互分配率计算公式

(2) 分别计算供电车间应分配的蒸汽费和锅炉车间应分配的电费，如图 3.15、图 3.16 所示。

图 3.15 锅炉车间应分配的电费

图 3.16 供电车间应分配的蒸汽费

3. 对外分配

(1) 计算交互分配后的供电车间和锅炉车间的待分配费用,如图 3.17、图 3.18 所示。

图 3.17 交互分配后供电车间的待分配费用

图 3.18 交互分配后锅炉车间的待分配费用

(2) 计算交互分配后的供电车间和锅炉车间的劳务供应量,如图 3.19、图 3.20 所示。

图 3.19 交互分配后供电车间的劳务供应量

图 3.20 交互分配后锅炉车间的劳务供应量

(3) 分别计算对外分配中电费和蒸汽费的分配率,如图 3.21、图 3.22 所示。

图 3.21 供电车间电费对外分配率计算公式

**图 3.22　锅炉车间蒸汽费对外分配率计算公式**

（4）计算基本车间和管理部门所耗用的辅助生产费用，如图 3.23～图 3.25 所示。

**图 3.23　基本车间和管理部门耗用的电费计算**

**图 3.24　基本车间和管理部门耗用的蒸汽费计算**

# 第 3 章 基于 Excel 的成本会计单项技能训练

| | A | B | C | D | E | F | G | H | I |
|---|---|---|---|---|---|---|---|---|---|
| 1 | | | | 辅助生产费用分配表 | | | | | |
| 2 | 项目 | | | 交互分配 | | | 对外分配 | | |
| 3 | 辅助车间名称 | | | 供电 | 锅炉 | 合计 | 供电 | 锅炉 | 合计 |
| 4 | 待分配辅助生产费用 | | | 88,000 | 36,000 | 124,000 | 86,000 | 38,000 | |
| 5 | 劳务供应数量 | | | 220,000 | 6,000 | 226,000 | 200,000 | 5,000 | |
| 6 | 费用分配率（单位成本） | | | 0.40 | 6.00 | | 0.43 | 7.60 | |
| 7 | 辅助生产车间耗用 | 供电 | 耗用数量 | | 1,000 | | | | |
| 8 | | | 分配金额 | | 6,000 | | | | |
| 9 | | 锅炉 | 耗用数量 | 20,000 | | | | | |
| 10 | | | 分配金额 | 8,000 | | | | | |
| 11 | 基本生产车间耗用 | 甲产品 | 耗用数量 | | | | 80,000 | 2,000 | |
| 12 | | | 分配金额 | | | | 34,400 | 15,200 | |
| 13 | | 乙产品 | 耗用数量 | | | | 60,000 | 1,500 | |
| 14 | | | 分配金额 | | | | 25,800 | 11,400 | |
| 15 | | 一般耗用 | 耗用数量 | | | | 50,000 | 900 | |
| 16 | | | 分配金额 | | | | 21,500 | 6,840 | |
| 17 | 管理部门耗用 | | 耗用数量 | | | | 10,000 | 600 | |
| 18 | | | 分配金额 | | | | 4,300 | 4,560 | |
| 19 | 分配金额合计 | | | | | | | | |
| 20 | | | | | | | | | |

图 3.25 基本车间和管理部门耗用辅助生产费用的结果

根据最终的分配结果，分别计算出各项合计数，如图 3.26 所示。

| | A | B | C | D | E | F | G | H | I |
|---|---|---|---|---|---|---|---|---|---|
| 1 | | | | 辅助生产费用分配表 | | | | | |
| 2 | 项目 | | | 交互分配 | | | 对外分配 | | |
| 3 | 辅助车间名称 | | | 供电 | 锅炉 | 合计 | 供电 | 锅炉 | 合计 |
| 4 | 待分配辅助生产费用 | | | 88,000 | 36,000 | 124,000 | 86,000 | 38,000 | |
| 5 | 劳务供应数量 | | | 220,000 | 6,000 | 226,000 | 200,000 | 5,000 | |
| 6 | 费用分配率（单位成本） | | | 0.40 | 6.00 | | 0.43 | 7.60 | |
| 7 | 辅助生产车间耗用 | 供电 | 耗用数量 | | 1,000 | | | | |
| 8 | | | 分配金额 | | 6,000 | | | | |
| 9 | | 锅炉 | 耗用数量 | 20,000 | | | | | |
| 10 | | | 分配金额 | 8,000 | | | | | |
| 11 | 基本生产车间耗用 | 甲产品 | 耗用数量 | | | | 80,000 | 2,000 | |
| 12 | | | 分配金额 | | | | 34,400 | 15,200 | 49,600 |
| 13 | | 乙产品 | 耗用数量 | | | | 60,000 | 1,500 | |
| 14 | | | 分配金额 | | | | 25,800 | 11,400 | 37,200 |
| 15 | | 一般耗用 | 耗用数量 | | | | 50,000 | 900 | |
| 16 | | | 分配金额 | | | | 21,500 | 6,840 | 28,340 |
| 17 | 管理部门耗用 | | 耗用数量 | | | | 10,000 | 600 | |
| 18 | | | 分配金额 | | | | 4,300 | 4,560 | 8,860 |
| 19 | 分配金额合计 | | | | | | 86,000 | 38,000 | 124,000 |

图 3.26 辅助生产费用最终的分配结果

## 3.3.3 知识要点提示

（1）交互分配需要计算两次分配率。首先，根据各辅助生产车间内部相互供应的数量和交互分配前的成本分配率，在各辅助生产部门间进行分配；然后，将各辅助生产车间交互分配后的实际费用，按对外提供劳务的数量，在辅助生产车间以外的各个受益部门之间进行分配。交互分配法计算公式为

对内交互费用分配率 = 辅助生产成本总额 ÷ 辅助生产的产品或劳务数量（包括对辅助生产各车间提供的产品或劳务数量）

对外费用分配率 =（交互前的辅助生产成本总额 + 交互分配转入的费用 − 交互分配转出的费用）÷ 辅助生产的产品或劳务数量
（不包括对辅助生产各车间提供的产品或劳务数量）

（2）充分考虑到分配率的四舍五入问题，利用数据倒剂，消除尾差的影响。此外，本节例题中分配率可取整，故未使用 ROUND 函数，但是在实务工作中，通常分配率不易取整，因此分配率计算公式会使用 ROUND 函数。

## 3.4 制造费用计算与分配技能训练

### 3.4.1 制造费用计算与分配案例概况

解析视频

【例3-4】企业某生产车间20××年3月份生产甲、乙、丙三种产品,甲产品实耗生产工时2 000小时,乙产品实耗生产工时800小时,丙产品实耗生产工时1 200小时,该车间本月制造费用实际发生额为65 600元。

【要求】
(1) 根据上述资料,采用生产工时比例法分配计算各产品应负担的制造费用。
(2) 编制Excel制造费用分配表。

### 3.4.2 应用Excel编制制造费用分配表

根据生产工时比例法利用Excel编制制造费用分配表,具体操作步骤如下。

1. 创建Excel工作表

根据案例所给资料,采用生产工时比例法编制制造费用分配表,如图3.27所示。

|  | A | B | C | D | E |
| --- | --- | --- | --- | --- | --- |
| 1 |  |  | 制造费用分配表 |  |  |
| 2 | 项目 |  | 生产工时 | 制造费用分配率 | 分配金额 |
| 3 | 基本生产成本 | 甲产品 | 2000 |  |  |
| 4 |  | 乙产品 | 800 |  |  |
| 5 |  | 丙产品 | 1200 |  |  |
| 6 | 合计 |  | 4000 |  | 65600 |

图3.27 制造费用分配表

2. 计算制造费用分配率

根据制造费用分配率计算公式,编辑Excel相应的单元格,如图3.28所示。
制造费用分配率计算公式为

制造费用分配率=制造费用总额÷车间产品生产工时总额计算制造费用分配率

|  | A | B | C | D | E |
| --- | --- | --- | --- | --- | --- |
| 1 |  |  | 制造费用分配表 |  |  |
| 2 | 项目 |  | 生产工时 | 制造费用分配率 | 分配金额 |
| 3 | 基本生产成本 | 甲产品 | 2000 |  |  |
| 4 |  | 乙产品 | 800 | =E6/C6 |  |
| 5 |  | 丙产品 | 1200 |  |  |
| 6 | 合计 |  | 4000 |  | 65600 |

图3.28 制造费用分配率计算公式

3. 分配制造费用

根据公式"某产品应分配制造费用=该产品生产工时×制造费用分配率",分别计算甲、乙、丙三种产品应分配的制造费用。首先计算甲产品所分配的制造费用,公式编辑详见图3.29所示,然后按Enter键。

图 3.29 甲产品所分配的制造费用计算公式

根据单元 E3 拖动填充单元格 E4，计算出乙产品所分配的制造费用。最后，倒剂出丙产品所分配的制造费用如图 3.30 所示。

图 3.30 丙产品所分配的制造费用计算公式

### 3.4.3 知识要点提示

（1）注意利用 Excel 中的"数据填充"功能以简化公式编辑工作量。

（2）甲产品所耗用的制造费用计算公式中，需要将分配率对应的单元格进行绝对引用（绝对引用符号为"$"），这样以确保进行填充时数据计算正确。

（3）充分考虑到分配率的四舍五入问题，利用数据倒剂，消除尾差的影响。

## 3.5 完工产品与在产品成本计算与分配技能训练

### 3.5.1 完工产品与在产品成本计算与分配案例概况

【例 3-5】某产品的原材料随着生产进度陆续投入，其完工产品和各工序的消耗定额，以及某月月末的在产品数量如表 3-1 所示。

表 3-1 各生产工序情况

| 工 序 | 本工序原材料消耗定额 / 千克 | 工时消耗定额 / 小时 | 月末在产品数量 / 件 |
|---|---|---|---|
| 1 | 60 | 15 | 1 400 |
| 2 | 40 | 25 | 900 |
| 合计 | 100 | 40 | — |

解析视频

在产品在本工序的消耗定额按 50% 计算。该月初在产品原材料费用为 2 900 元，人工 2 000 元，制造费用 1 000 元；本月原材料费用为 5 100 元，人工 3 000 元，制造费用 2 000 元。该月完工产品 1 500 件。

**【要求】**
(1) 按原材料和工时定额计算各工序在产品的完工率和该产品的月末在产品约当产量。
(2) 采用约当产量比例法分配完工产品和月末在产品的成本。
(3) 编制 Excel 材料费用分配表。

### 3.5.2　应用 Excel 编制完工产品与在产品成本分配表

1. 按原材料定额计算各工序在产品的完工率和该产品的月末在产品约当产量

1) 创建 Excel 工作表

根据案例资料，编制按原材料定额计算完工率和约当产量，如图 3.31 所示。

| | A | B | C | D | E |
|---|---|---|---|---|---|
| 1 | 按原材料计算各工序在产品的完工率和约当产量 | | | | |
| 2 | 工序 | 本工序原材料消耗定额 | 完工率 | 月末在产品数量 | 在产品约当产量 |
| 3 | 1 | 60 | | 1400 | |
| 4 | 2 | 40 | | 900 | |
| 5 | 合计 | 100 | | | |
| 6 | | | | | |

图 3.31　按原材料定额计算完工率和约当产量表格

2) 计算完工率

由于投料程度按完成本工序投料 50% 折算，第一道工序完工率计算公式为

第一道工序完工率 = 第一道工序原材料消耗定额 × 50% ÷ 全部工序原材料消耗定额合计数

因此，在计算第一道工序的完工率时编辑公式如图 3.32 所示。

| SUM | | =B3*50%/$B$5 | | | |
|---|---|---|---|---|---|
| | A | B | C | D | E |
| 1 | 按原材料计算各工序在产品的完工率和约当产量 | | | | |
| 2 | 工序 | 本工序原材料消耗定额 | 完工率 | 月末在产品数量 | 在产品约当产量 |
| 3 | 1 | 60 | =B3*50%/ | 1400 | |
| 4 | 2 | 40 | $B$5 | 900 | |
| 5 | 合计 | 100 | - | | |
| 6 | | | | | |

图 3.32　按原材料定额计算第一工序完工率

进一步，计算第二道工序完工率，计算公式为

第二道工序完工率 = (第一道工序原材料消耗定额 + 第二道工序原材料消耗定额 × 50%) ÷ 全部工序原材料消耗定额合计数

因此,在计算第二道工序的完工率时编辑公式如图 3.33 所示。

|   | A | B | C | D | E |
|---|---|---|---|---|---|
| 1 | 按原材料计算各工序在产品的完工率和约当产量 | | | | |
| 2 | 工序 | 本工序原材料消耗定额 | 完工率 | 月末在产品数量 | 在产品约当产量 |
| 3 | 1 | 60 | 30% | 1400 | |
| 4 | 2 | 40 | =(B3+B4*50%)/$B$5 | 900 | |
| 5 | 合计 | 100 | | | |
| 6 | | | | | |

图 3.33　按原材料定额计算第二工序完工率

3) 计算约当产量

根据公式"在产品约当产量 = 在产品数量 × 完工率",分别计算两道工序的在产品约当产量,计算结果如图 3.34、图 3.35 所示。最后,将两道工序对应的在产品约当产量相加,计算出在产品约当产量为 1 140 件,如图 3.36 所示。

|   | A | B | C | D | E |
|---|---|---|---|---|---|
| 1 | 按原材料计算各工序在产品的完工率和约当产量 | | | | |
| 2 | 工序 | 本工序原材料消耗定额 | 完工率 | 月末在产品数量 | 在产品约当产量 |
| 3 | 1 | 60 | 30% | 1400 | =D3*C3 |
| 4 | 2 | 40 | 80% | 900 | |
| 5 | 合计 | 100 | - | | |

图 3.34　按原材料定额计算第一工序在产品约当产量

|   | A | B | C | D | E |
|---|---|---|---|---|---|
| 1 | 按原材料计算各工序在产品的完工率和约当产量 | | | | |
| 2 | 工序 | 本工序原材料消耗定额 | 完工率 | 月末在产品数量 | 在产品约当产量 |
| 3 | 1 | 60 | 30% | 1400 | 420 |
| 4 | 2 | 40 | 80% | 900 | =D4*C4 |
| 5 | 合计 | 100 | - | | |

图 3.35　按原材料定额计算第二工序在产品约当产量

|   | A | B | C | D | E |
|---|---|---|---|---|---|
| 1 | 按原材料计算各工序在产品的完工率和约当产量 | | | | |
| 2 | 工序 | 本工序原材料消耗定额 | 完工率 | 月末在产品数量 | 在产品约当产量 |
| 3 | 1 | 60 | 30% | 1400 | 420 |
| 4 | 2 | 40 | 80% | 900 | 720 |
| 5 | 合计 | 100 | - | | 1140 |
| 6 | | | | | |

图 3.36　按原材料定额计算在产品约当产量

2. 按工时定额计算各工序在产品的完工率和该产品的月末在产品约当产量

1) 创建 Excel 工作表

根据案例资料，编制按工时定额计算完工率和约当产量，如图 3.37 所示。

图 3.37　按工时定额计算完工率和约当产量表格

2) 计算完工率

第一道工序完工率计算公式为

第一道工序完工率 = 第一道工序工时消耗定额 ×50% ÷ 全部工序工时消耗定额合计数

因此，在计算第一道工序的完工率时编辑公式如图 3.38 所示。

图 3.38　按工时定额计算第一工序完工率

进一步，计算第二道工序完工率，计算公式为

第二道工序完工率 =（第一道工序工时消耗定额 + 第二道工序工时消耗定额 ×50%）÷ 全部工序工时消耗定额合计数

因此，在计算第二道工序的完工率时编辑公式如图 3.39 所示。

图 3.39　按工时定额计算第二工序完工率

3) 计算约当产量

根据公式"在产品约当产量＝在产品数量×完工率",分别计算两道工序的在产品约当产量。在计算约当产量时,必须取整数,并且小数点要进位取整。在 Excel 中,约当产量的计算公式中需要利用小数点进位取整的"ROUNGUP"函数,为此,第一工序约当产量 E11 单元格需要输入"=ROUNDUP(D11*C11,)",如图 3.40 所示。第二工序约当产量计算结果如图 3.41 所示。最后,将两道工序对应的在产品约当产量相加,计算出在产品约当产量为 882 件,如图 3.42 所示。

图 3.40　按工时定额计算第一工序在产品约当产量

图 3.41　按工时定额计算第二工序在产品约当产量

图 3.42　按工时定额计算在产品约当产量

3. 分配完工产品与在产品成本

(1) 创建 Excel 工作表。根据案例资料,采用约当产量比例法编制完工产品与在产品成本分配表,如图 3.43 所示。

图3.43 完工产品与在产品成本分配表

(2) 计算生产费用合计，如图3.44、图3.45所示。

图3.44 直接材料费用合计

图3.45 生产费用合计

(3) 将上述各工序的完工产品产量和在产品约当产量录入分配表中，如图3.46所示。

|  | A | B | C | D | E |
|---|---|---|---|---|---|
| 16 |  |  |  |  |  |
| 17 |  | 完工产品与在产品成本分配表 | | | |
| 18 | 项目 | 直接材料 | 直接人工 | 制造费用 | 合计 |
| 19 | 月初在产品成本 | 2,900.00 | 2,000.00 | 1,000.00 | 5900.00 |
| 20 | 本月发生的生产费用 | 5,100.00 | 3,000.00 | 2,000.00 | 10100.00 |
| 21 | 生产费用合计 | 8000.00 | 5000.00 | 3000.00 | 16000.00 |
| 22 | 完工产品产量 | 1,500 | 1,500 | 1,500 |  |
| 23 | 在产品约当产量 | 1,140 | 882 | 882 |  |
| 24 | 完工产品与在产品产量合计 | 2,640 | 2,382 | 2,382 |  |
| 25 | 分配率 |  |  |  |  |
| 26 | 完工产品成本 |  |  |  |  |
| 27 | 月末在产品成本 |  |  |  |  |

图3.46 完工产品产量和在产品约当产量

(4) 计算直接材料费用分配率。根据公式"分配率＝该项费用总额÷(完工产品数量＋在产品约当产量)"，分别计算分配率，分配结果如图3.47、图3.48所示。

| SUM |  | =ROUND(B21/B24,4) | | | |
|---|---|---|---|---|---|
|  | A | B | C | D | E |
| 16 |  |  |  |  |  |
| 17 |  | 完工产品与在产品成本分配表 | | | |
| 18 | 项目 | 直接材料 | 直接人工 | 制造费用 | 合计 |
| 19 | 月初在产品成本 | 2,900.00 | 2,000.00 | 1,000.00 | 5900.00 |
| 20 | 本月发生的生产费用 | 5,100.00 | 3,000.00 | 2,000.00 | 10100.00 |
| 21 | 生产费用合计 | 8000.00 | 5000.00 | 3000.00 | 16000.00 |
| 22 | 完工产品产量 | 1,500 | 1,500 | 1,500 |  |
| 23 | 在产品约当产量 | 1,140 | 882 | 882 |  |
| 24 | 完工产品与在产品产量合计 | 2,640 | 2,382 | 2,382 |  |
| 25 |  | =ROUND(B21/B24,4) |  |  |  |
| 26 | 完工产品成本 |  |  |  |  |
| 27 | 月末在产品成本 |  |  |  |  |

图3.47 直接材料分配率的计算

|  | A | B | C | D | E |
|---|---|---|---|---|---|
| 16 |  |  |  |  |  |
| 17 |  | 完工产品与在产品成本分配表 | | | |
| 18 | 项目 | 直接材料 | 直接人工 | 制造费用 | 合计 |
| 19 | 月初在产品成本 | 2,900.00 | 2,000.00 | 1,000.00 | 5900.00 |
| 20 | 本月发生的生产费用 | 5,100.00 | 3,000.00 | 2,000.00 | 10100.00 |
| 21 | 生产费用合计 | 8000.00 | 5000.00 | 3000.00 | 16000.00 |
| 22 | 完工产品产量 | 1,500 | 1,500 | 1,500 |  |
| 23 | 在产品约当产量 | 1,140 | 882 | 882 |  |
| 24 | 完工产品与在产品产量合计 | 2,640 | 2,382 | 2,382 |  |
| 25 | 分配率 | 3.0303 | 2.0991 | 1.2594 |  |
| 26 | 完工产品成本 |  |  |  |  |
| 27 | 月末在产品成本 |  |  |  |  |

图3.48 分配率计算结果

(5) 根据公式"完工产品成本 = 完工产品数量 × 分配率"计算完工产品成本，详细过程如图 3.49、图 3.50 所示。

图 3.49  完工产品分配的材料费用

图 3.50  完工产品成本

(6) 最后倒剂出月末在产品成本，如图 3.51、图 3.52 所示。

图 3.51  在产品分配的材料费用

| | A | B | C | D | E |
|---|---|---|---|---|---|
| 16 | | | | | |
| 17 | | 完工产品与在产品成本分配表 | | | |
| 18 | 项目 | 直接材料 | 直接人工 | 制造费用 | 合计 |
| 19 | 月初在产品成本 | 2,900.00 | 2,000.00 | 1,000.00 | 5900.00 |
| 20 | 本月发生的生产费用 | 5,100.00 | 3,000.00 | 2,000.00 | 10100.00 |
| 21 | 生产费用合计 | 8000.00 | 5000.00 | 3000.00 | 16000.00 |
| 22 | 完工产品产量 | 1,500 | 1,500 | 1,500 | |
| 23 | 在产品约当产量 | 1,140 | 882 | 882 | |
| 24 | 完工产品与在产品产量合计 | 2,640 | 2,382 | 2,382 | |
| 25 | 分配率 | 3.0303 | 2.0991 | 1.2594 | |
| 26 | 完工产品成本 | 4,545.45 | 3,148.65 | 1,889.10 | 9,583.20 |
| 27 | 月末在产品成本 | 3,454.55 | 1,851.35 | 1,110.90 | 6,416.80 |

图 3.52 在产品成本

### 3.5.3 知识要点提示

（1）在计算约当产量时，必须取整数，并且小数点要进位取整。在 Excel 中利用小数点进位取整的"ROUNGUP"函数。

（2）完工率的计算：

①材料费用对应的完工率。如果原材料是在开始时一次投入的，则计算公式为

第 $N$ 道工序的完工程度 =（第 $N$ 道工序定额原材料消耗量 + 前面 $N$-1 道工序定额原材料消耗量之和）÷ 全部工序定额原材料消耗量总和

如果原材料时在生产过程中陆续投入的，则计算公式为

第 $N$ 道工序的完工程度 =（第 $N$ 道工序定额原材料消耗量 ×50%+ 前面 $N$-1 道工序定额原材料消耗量之和）÷ 全部工序定额原材料消耗量总和

②加工成本（包括工资费用和制造费用）对应的完工率：

第 $N$ 道工序的完工程度 =（第 $N$ 道工序定额工时 ×50%+ 前面 $N$-1 道工序定额工时之和）÷ 全部工序总定额工时

一般在计算某道工序的完工程度时，视为有一半该工序的产品已完成本道工序，所以乘以 50%。

# 第4章 基于Excel的成本会计综合模拟实训

### 教学目标

本章主要介绍 Excel 成本会计模拟实训。学生在掌握前述各章节内容的基础上，熟练借助 Excel 进行企业成本会计核算，主要包括借助 Excel 进行品种法、分批法、逐步结转分步法和平行结转分步法核算，以及通过 Excel 进行成本报表的编制与分析。通过模拟实训，学生应具备利用 Excel 进行成本核算和管理的实际技能。

### 教学要求

1. 熟练掌握品种法下，Excel 成本核算过程；
2. 熟练掌握分批法下，Excel 成本核算过程；
3. 熟练掌握逐步结转分步法下，Excel 成本核算过程；
4. 熟练掌握平行结转分步法下，Excel 成本核算过程；
5. 熟练掌握借助 Excel 进行成本报表的编制与分析。

## 4.1 品种法模拟实训

### 4.1.1 成本核算概况

天津天王手表零部件加工有限责任公司主要生产手表的零部件。该单位设有两个基本生产车间——转轴转轮车间和夹板车间。其中，转轴转轮车间负责生产手表的齿轴、周历轮零件；夹板车间负责生产上夹板和下夹板。企业设有两个辅助生产车间——供电车间和供水车间，还设有一个行政管理部门。该企业属大量大批生产，成本核算采用品种法。

产品成本核算要求如下：

(1) 产品成本中原材料费用按定额耗用比例（其中，辅助材料和包装物按产品量分配）分配；直接人工和制造费用按生产工时比例分配。

(2) 生产成本在完工产品及月末产品之间分配。转轴转轮车间由于各月在产品数量较均匀，采用在产品成本按年初固定数计算；夹板车间各月在产品数量变化较大，采用约当产量法。转轴转轮车间和夹板车间的原材料费用都是在生产开始时一次性投入。

(3) 供电车间主要为企业提供电服务，供水车间主要为本厂提供供水服务，购水费用先记入"辅助生产成本——供水车间"账户，月末随同供水车间费用一同分配。为简化核算，两个辅助生产车间发生的制造费用都不通过"制造费用"账户核算，直接记入"辅助生产成本"账户。辅助生产车间的费用分配采用交互分配法核算。

该企业的产品生产工艺如图 4.1 所示。

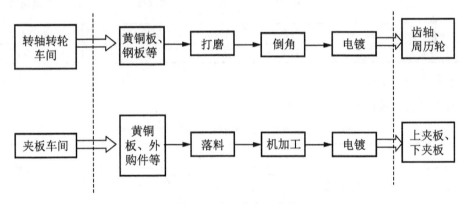

图 4.1 产品生产工艺图

### 4.1.2 成本资料

1. 期初在产品资料

期初在产品资料如表 4-1 所示。

表 4-1 期初在产品明细资料

| 产品名称 | 成本项目 | 直接材料 | 燃料及动力 | 直接人工 | 制造费用 | 合计 |
|---|---|---|---|---|---|---|
| 转轴转轮车间 | 齿轴 | 1 000 | 200 | 1 800 | 360 | 3 360 |
| | 周历轮 | 900 | 300 | 1 500 | 440 | 3 140 |
| 夹板车间 | 上夹板 | 600 | 450 | 2 000 | 500 | 3 550 |
| | 下夹板 | 500 | 550 | 2 800 | 450 | 4 300 |

2. 单位产品消耗定额

单位产品消耗定额如表 4-2 和表 4-3 所示。

表 4-2 转轴转轮车间的材料消耗定额

| 材料名称 | 产品名称 计量单位 | 齿轴 | 周历轮 |
|---|---|---|---|
| 黄铜板 | 千克 | 0.2 | 0.1 |
| 钢板 | 千克 | 0.1 | 0.1 |
| 硅游丝 | 千克 | 0.02 | 0.05 |
| 铜棒 | 千克 | 0.01 | 0.02 |

表 4-3 夹板车间的材料消耗定额

| 材料名称 | 产品名称 计量单位 | 上夹板 | 下夹板 |
|---|---|---|---|
| 黄铜板 | 千克 | 0.25 | 0.15 |
| 钢板 | 千克 | 0.3 | 0.2 |

3. 本月生产月报统计

本月生产月报统计如表 4-4 所示。

表 4-4 产品产量及工时统计表（20××年 1 月）

| 产品名称 | 产量（个） | | | | 实际工时 |
|---|---|---|---|---|---|
| | 月初在产品 | 本月投产 | 本月完工 | 月末在产品 | |
| 齿轴 | 53 | 5 985 | 5 990 | 48 | 5 000 |
| 周历轮 | 70 | 2 980 | 2 960 | 90 | 3 500 |
| 上夹板 | 65 | 4 015 | 4 010 | 70 | 3 500 |
| 下夹板 | 110 | 1 950 | 1 900 | 160 | 2 000 |

注：在产品完工成本程度均为 50%。

4. 本月生产费用发生情况

1）本月领用材料

（1）原料及主要材料：①转轴转轮车间：黄铜板、钢板、硅游丝、铜棒。

②夹板车间：黄铜板、钢板。

(2) 燃料：煤。
(3) 辅助材料：清洗液、润滑油、切割液、刀具。
(4) 包装物：纸盒、打包带、胶带。
(5) 其他材料：水管、机油、低值品。

本月领料单如图 4.2～图 4.7 所示。

### 领 料 单

领用单位：转轴转轮车间　　　　20×× 年 1 月 1 日　　　　　　编号：001

| 货号 | 品名 | 单位 | 数量 | 单价 | 金额 |
|---|---|---|---|---|---|
|  | 黄铜板 | 千克 | 3 000 |  |  |
|  | 钢板 | 千克 | 5 000 |  |  |
|  | 铜棒 | 千克 | 200 |  |  |
|  | 硅游丝 | 千克 | 350 |  |  |
|  | 刀具 | 个 | 50 |  |  |
|  | 清洗液 | 千克 | 100 |  |  |
|  | 润滑油 | 升 | 2 |  |  |
|  | 切割液 | 升 | 3 |  |  |
| 用途 | 产品领用 ||||||

部门主管：孙立　　　　批料：赵芳　　　　领料人：李强　　　　制单：王志

图 4.2　领料单（一）

### 领 料 单

领用单位：转轴转轮车间　　　　20×× 年 1 月 1 日　　　　　　编号：002

| 货号 | 品名 | 单位 | 数量 | 单价 | 金额 |
|---|---|---|---|---|---|
|  | 黄铜板 | 千克 | 2 500 |  |  |
|  | 钢板 | 千克 | 4 000 |  |  |
|  | 铜棒 | 千克 | 1 400 |  |  |
|  | 硅游丝 | 千克 | 350 |  |  |
|  | 刀具 | 个 | 50 |  |  |
|  | 清洗液 | 千克 | 150 |  |  |
|  | 润滑油 | 升 | 1 |  |  |
|  | 切割液 | 升 | 4 |  |  |
| 用途 | 产品领用 ||||||

部门主管：孙立　　　　批料：赵芳　　　　领料人：田齐　　　　制单：王志

图 4.3　领料单（二）

### 领 料 单

领用单位：夹板车间　　　　20××年1月1日　　　　　　　　　编号：003

| 货号 | 品名 | 单位 | 数量 | 单价 | 金额 |
|---|---|---|---|---|---|
|  | 黄铜板 | 千克 | 3 000 |  |  |
|  | 刀具 | 个 | 40 |  |  |
|  | 清洗液 | 千克 | 100 |  |  |
|  | 润滑油 | 升 | 1 |  |  |
|  | 切割液 | 升 | 3 |  |  |
| 用途 |  | 产品领用 | | | |

部门主管：孙立　　　批料：赵芳　　　领料人：田齐　　　制单：王志

图 4.4　领料单（三）

### 领 料 单

领用单位：夹板车间　　　　20××年1月1日　　　　　　　　　编号：004

| 货号 | 品名 | 单位 | 数量 | 单价 | 金额 |
|---|---|---|---|---|---|
|  | 钢板 | 千克 | 45 000 |  |  |
|  | 纸盒 | 个 | 6 100 |  |  |
|  | 打包带 | 米 | 3 000 |  |  |
|  | 胶带 | 个 | 100 |  |  |
| 用途 |  | 产品领用 | | | |

部门主管：孙立　　　批料：赵芳　　　领料人：田齐　　　制单：王志

图 4.5　领料单（四）

### 领 料 单

领用单位：供水车间　　　　20××年1月10日　　　　　　　　编号：003

| 货号 | 品名 | 单位 | 数量 | 单价 | 金额 |
|---|---|---|---|---|---|
|  | 低值品 | 个 | 20 |  |  |
|  | 水管 | 米 | 40 |  |  |
|  | 机油 | 千克 | 8 |  |  |
| 用途 |  | 供水及修理领用 | | | |

部门主管：王林　　　批料：程强　　　领料人：吴元　　　制单：李立

图 4.6　领料单（五）

## 领 料 单

领用单位：供电车间　　　　20××年1月10日　　　　　　　　编号：004

| 货号 | 品名 | 单位 | 数量 | 单价 | 金额 |
|---|---|---|---|---|---|
|  | 煤 | 吨 | 15 |  |  |
|  | 低值品 | 个 | 20 |  |  |
|  | 机油 | 千克 | 4 |  |  |
| 用途 | 修理领用 |||||

部门主管：王林　　　批料：程强　　　领料人：于诚　　　制单：李立

图4.7　领料单（六）

2）材料价格

黄铜板 90元/千克　　清洗液 5元/千克　　纸　盒 2元/个　　机　油 20元/千克
钢　板 40元/千克　　润滑油 100元/升　　打包带 0.50元/米　汽　油 3.50元/千克
硅游丝 50元/千克　　切割液 50元/升　　胶　带 1元/个　　低值品 10元/个
铜　棒 80元/千克　　刀　具 25元/个　　煤　　 1000元/吨　水　管 20元/米

3）供水车间外购水费（见图4.8）

## 同城委托收款凭证（付款通知）

委托日期20××年1月30日　　　　　　　　第　　号

| 付款人 | 全称 | 天津天王手表零部件加工有限责任公司 | 收款人 | 全称 | 天津市供水公司 ||
|---|---|---|---|---|---|---|
|  | 账号或地址 | 0200324578990 |  | 账号 | 02003040506 ||
|  | 开户银行 | 工商银行天津市分行 |  | 开户银行 | 工商银行天津市分行第一分理处 | 行号 |
| 委托金额 | 人民币：（大写）壹万元整 || 千 百 十 万 千 百 十 元 角 分 ¥ 1 0 0 0 0 0 0 |||||
| 款项内容 | 水费 | 委托收款凭证张数 ||| 附寄单证张数 ||

备注：　　　　　　　　　　　　　付款单位注意：
　　　　　　　印章　　　　　　　劳务供应双方签订协议后方能办理。如无协议，可备
　　　　　　　　　　　　　　　　函说明情况，向收款单位办理委托收款，将原款划回。

单位主管　　会计　　复核　　记账　　付款人开户行　收到日期　　年　月　日

图4.8　同城委托收款凭证（付款通知）

4) 职工薪酬费用（见表 4-5）

表 4-5　职工薪酬结算汇总表

20×× 年 1 月　　　　　　　　　　　　　　　　　　　单位：元

| 部门 | | | 应付职工薪酬 | | | | 代扣款项 | | | 实发工资 |
|---|---|---|---|---|---|---|---|---|---|---|
| | | | 基础工资 | 各种津贴 | 奖金 | 合计 | 住房公积 | 退休统筹 | 小计 | |
| 基本生产车间 | 转轴转轮车间 | 生产工人 | 100 000 | 20 000 | 50 000 | 170 000 | 13 600 | 6 800 | 20 400 | 149 600 |
| | | 管理人员 | 45 000 | 15 000 | 13 400 | 73 400 | 5 872 | 2 936 | 8 808 | 64 592 |
| | 夹板车间 | 生产工人 | 100 000 | 15 000 | 20 000 | 135 000 | 10 800 | 5 400 | 16 200 | 118 800 |
| | | 管理人员 | 45 000 | 29 000 | 15 000 | 89 000 | 7 120 | 3 560 | 10 680 | 78 320 |
| 辅助车间 | 供电车间 | | 52 000 | 6 000 | 10 000 | 68 000 | 5 440 | 2 720 | 8 160 | 59 840 |
| | 供水车间 | | 40 000 | 3 000 | 7 000 | 50 000 | 4 000 | 2 000 | 6 000 | 44 000 |
| 行政管理部门 | | | 13 000 | 500 | 3 800 | 17 300 | 1 384 | 692 | 2 076 | 15 224 |
| 合计 | | | 395 000 | 88 500 | 119 200 | 602 700 | 48 216 | 24 108 | 72 324 | 530 376 |

5) 折旧费用

20×× 年 1 月 1 日固定资产原值资料如表 4-6 所示。该企业计提固定资产折旧采用分类折旧率，房屋建筑物月折旧率 0.15%，机器设备月折旧率 0.6%。

表 4-6　固定资产原值明细表

20×× 年 1 月 1 日　　　　　　　　　　　　　　　　　单位：元

| 车间、部门 | 房屋建筑物 | 机器设备 |
|---|---|---|
| 转轴转轮车间 | 4 500 000 | 140 000 |
| 夹板车间 | 2 100 000 | 30 000 |
| 供电车间 | 1 000 000 | 24 500 |
| 供水车间 | 1 000 000 | 25 500 |
| 行政管理部门 | 3 500 000 | 30 000 |
| 合计 | 12 100 000 | 250 000 |

6) 其他费用（见表 4-7）

表 4-7 其他费用资料

| 车间、部门 | 办公费 | 水费 | 差旅费 | 其他 | 合计 |
|---|---|---|---|---|---|
| 转轴转轮车间 | 900 | 500 | — | 260 | 1 660 |
| 夹板车间 | 600 | 250 | 500 | 50 | 1 400 |
| 供电车间 | 200 | 200 | — | 100 | 500 |
| 供水车间 | 150 | 200 | — | — | 350 |
| 行政管理部门 | 800 | 200 | 3 000 | — | 4 000 |

注：全部以银行存款支付企业的其他费用。

7) 辅助生产费用

辅助生产车间提供劳务情况如表 4-8 和表 4-9 所示。

表 4-8 劳务供应通知单

车间名称：供电车间　　　　　　　　　20×× 年 1 月　　　　　　　　　单位：度

| 车间、部门 | 转轴转轮车间 | 夹板车间 | 供水车间 | 行政管理部门 | 合计 |
|---|---|---|---|---|---|
| 产品耗用 | 25 000 | 15 000 | — | — | 40 000 |
| 照明耗用 | 500 | 1 000 | 1 000 | 200 | 2 700 |
| 合计 | 25 500 | 16 000 | 1 000 | 200 | 42 700 |

注：供水车间所有用电统一归集到照明用电。

表 4-9 劳务供应通知单

车间名称：供水车间　　　　　　　　　20×× 年 1 月

| 车间、部门 | 转轴转轮车间 | 夹板车间 | 供电车间 | 行政管理部门 | 合计 |
|---|---|---|---|---|---|
| 受益吨数 | 700 | 500 | 120 | 80 | 1 400 |

### 4.1.3 实验要求

（1）设置"基本生产成本"明细账，设置"辅助生产成本""制造费用"明细账，按产品品种设置"产品成本计算单"，登记期初余额。

（2）编制各种费用分配表，编制有关记账凭证，登记有关账户。

（3）月末采用交互分配法，分配辅助生产费用；编制有关记账凭证。

（4）月末分配结转基本生产车间的制造费用，登记有关账户。

（5）月末计算完工产品成本及月末在产品成本；编制产品完工入库业务的记账凭证。

（6）将"基本生产成本"二级账与"产品成本计算单"进行核对。

（7）成本计算过程分配率保留小数点后 4 位，费用分配金额保留 2 位小数。

### 4.1.4 案例提示与参考答案

（1）根据原材料领料单编制材料消耗汇总表（见表 4-10），本月份材料消耗总额为 3 124 390.00 元。

解析视频

表 4-10 材料消耗汇总表

| 类别 | 名称 | 单位 | 单价 | 转轮转轴车间 | | | | 夹板车间 | | | | 供电车间 | | 供水车间 | | 合计 | |
|---|---|---|---|---|---|---|---|---|---|---|---|---|---|---|---|---|---|
| | | | | 产品 | | 车间 | | 产品 | | 车间 | | 数量 | 金额 | 数量 | 金额 | 数量 | 金额 |
| | | | | 数量 | 金额 | 数量 | 金额 | 数量 | 金额 | 数量 | 金额 | | | | | | |
| 原料及主要材料 | 黄铜板 | | | | | | | | | | | | | | | | |
| | 钢板 | | | | | | | | | | | | | | | | |
| | 硅游丝 | | | | | | | | | | | | | | | | |
| | 铜棒 | | | | | | | | | | | | | | | | |
| 辅助材料 | 清洗液 | | | | | | | | | | | | | | | | |
| | 润滑油 | | | | | | | | | | | | | | | | |
| | 切割液 | | | | | | | | | | | | | | | | |
| | 刀具 | | | | | | | | | | | | | | | | |
| 燃料 | 煤 | | | | | | | | | | | | | | | | |
| 包装物 | 纸盒 | | | | | | | | | | | | | | | | |
| | 打包带 | | | | | | | | | | | | | | | | |
| | 胶带 | | | | | | | | | | | | | | | | |
| 其他材料 | 水管 | | | | | | | | | | | | | | | | |
| | 机油 | | | | | | | | | | | | | | | | |
| | 低值品 | | | | | | | | | | | | | | | | |
| 合计 | | | | | | | | | | | | | | | | | 3,124,390 |

(2) 材料费用分配结果及会计分录如下：

| | |
|---|---:|
| 借：基本生产成本——转轮转轴车间——齿轴（直接材料） | 716 391.44 |
| ——转轮转轴车间——周历轮（直接材料） | 301 608.56 |
| ——夹板车间——上夹板（直接材料） | 1 568 810.86 |
| ——夹板车间——下夹板（直接材料） | 501 189.14 |
| 辅助生产成本——供水车间（材料费用） | 1 160.00 |
| ——供电车间（材料费用） | 15 280.00 |
| 制造费用——转轮转轴车间（材料费用） | 4 400 |
| ——夹板车间（材料费用） | 15 550 |
| 贷：原材料——原料及主要材料——黄铜板 | 765 000 |
| ——原料及主要材料——钢板 | 2 160 000 |
| ——原料及主要材料——硅游丝 | 35 000 |
| ——原料及主要材料——铜棒 | 128 000 |
| ——辅助材料——清洗液 | 1 750 |
| ——辅助材料——润滑油 | 400 |
| ——辅助材料——切割液 | 500 |
| ——辅助材料——刀具 | 3 500 |
| ——燃料——煤 | 15 000 |
| ——包装物——纸盒 | 12 200 |
| ——包装物——打包带 | 1 500 |
| ——包装物——胶带 | 100 |
| ——其他材料——水管 | 800 |
| ——其他材料——机油 | 240 |
| ——其他材料——低值品 | 400 |

(3) 人工费用分配结果及会计分录如下：

| | |
|---|---:|
| 借：基本生产成本——转轮转轴车间——齿轮（直接人工） | 100 000.00 |
| ——转轮转轴车间——周历轮（直接人工） | 70 000.00 |
| ——夹板车间——上夹板（直接人工） | 85 909.25 |
| ——夹板车间——下夹板（直接人工） | 49 090.75 |
| 辅助生产成本——供水车间（工资薪酬） | 50 000.00 |
| ——供电车间（工资薪酬） | 68 000.00 |
| 制造费用——转轮转轴车间（工资薪酬） | 73 400.00 |
| ——夹板车间（工资薪酬） | 89 000.00 |
| 管理费用——工资薪酬 | 17 300.00 |
| 贷：应付职工薪酬 | 602 700.00 |

(4) 固定资产折旧费分配结果及会计分录如下：

| | |
|---|---:|
| 借：辅助生产成本——供水车间（折旧费） | 1 653.00 |
| ——供电车间（折旧费） | 1 647.00 |

| | | |
|---|---|---|
| 　　制造费用——转轮转轴车间（折旧费） | | 7 590.00 |
| 　　　　　　——夹板车间（折旧费） | | 3 330.00 |
| 　　管理费用——折旧费 | | 5 430.00 |
| 　　　贷：累计折旧 | | 19 650.00 |

（5）其他费用分配结果及会计分录如下：

| | | |
|---|---|---|
| 　　借：辅助生产成本——供水车间（其他） | | 350 |
| 　　　　　　　　——供电车间（其他） | | 500 |
| 　　制造费用——转轮转轴车间（其他） | | 1 660 |
| 　　　　　　——夹板车间（其他） | | 1 400 |
| 　　管理费用（其他） | | 4 000 |
| 　　　贷：银行存款 | | 7 910 |

外购水费：

| | | |
|---|---|---|
| 　　借：辅助生产成本——供水车间（其他） | | 10 000 |
| 　　　贷：银行存款 | | 10 000 |

（6）辅助生产费用分配结果及会计分录如下：

①交互分配：

| | | |
|---|---|---|
| 　　借：辅助生产成本——供电车间 | | 5 413.97 |
| 　　　　　　　　——供水车间 | | 2 000.60 |
| 　　　贷：辅助生产成本——供水车间 | | 5 413.97 |
| 　　　　　　　　——供电车间 | | 2 000.60 |

②对外分配：

| | | |
|---|---|---|
| 　　借：基本生产成本——转轮转轴车间——齿轴（燃料与动力） | | 31 331.00 |
| 　　　　　　　　——转轮转轴车间——周历轮（燃料与动力） | | 21 931.50 |
| 　　　　　　　　——夹板车间——上夹板（燃料与动力） | | 20 336.75 |
| 　　　　　　　　——夹板车间——下夹板（燃料与动力） | | 11 620.75 |
| 　　制造费用——转轮转轴车间（动力费） | | 33 740.83 |
| 　　　　　　——夹板车间（动力费） | | 25 470.20 |
| 　　管理费用——动力费 | | 4 158.97 |
| 　　　贷：辅助生产成本——动力车间 | | 88 840.37 |
| 　　　　　　　　——供水车间 | | 59 749.63 |

注：辅助生产费用分配到各个基本生产车间后，需要再将其在不同产品之间进行分配。

（7）制造费用分配结果及会计分录如下：

| | | |
|---|---|---|
| 　　借：基本生产成本——转轮转轴车间——齿轴（制造费用） | | 71 053.50 |
| 　　　　　　　　——转轮转轴车间——周历轮（制造费用） | | 49 737.33 |
| 　　　　　　　　——夹板车间——上夹板（制造费用） | | 85 750.00 |
| 　　　　　　　　——夹板车间——下夹板（制造费用） | | 49 000.20 |
| 　　　贷：制造费用——转轮车间 | | 120 790.83 |
| 　　　　　　　　——夹板车间 | | 134 750.20 |

(8) 完工产品成本及其结转至库存商品的会计分录如下：
借：库存商品——转轴转轮车间——齿轴　　　　　　　　918 775.94
　　　　　　　　　　　　　——周历轮　　　　　　　　443 277.39
　　　　　　——夹板车间——上夹板　　　　　　　　1 735 743.74
　　　　　　　　　　　　　——下夹板　　　　　　　　571 648.36
贷：基本生产成本——转轴转轮车间——齿轴　　　　　　918 775.94
　　　　　　　　　　　　　　　——周历轮　　　　　　443 277.39
　　　　　　——夹板车间——上夹板　　　　　　　　1 735 743.74
　　　　　　　　　　　　　——下夹板　　　　　　　　571 648.36

## 4.2　分批法模拟实训

### 4.2.1　企业基本情况

天津康健电子医疗器械厂主要生产电子血压计和低频治疗仪，按订单生产销售。该企业设有 3 个生产车间：机芯车间、准备车间和组装车间。机芯车间的生产任务是将电容、芯片、基板、液晶、传感器加工成机芯，然后将加工好的机芯送到准备车间，准备车间将上盖、下盖和袖带与相应的机芯等整理准备好送入组装车间，组装车间负责组装成产成品并对其检验合格后进行包装入库，等待销售。该企业设有两个辅助车间（供水车间、供气车间）和行政管理部门。产品生产成本采用分批法核算，且其生产工艺流程如图 4.9 所示。

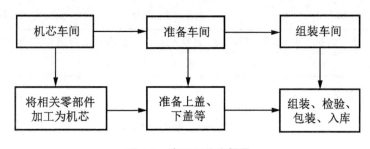

图 4.9　产品工艺流程图

产品成本核算要求如下：

(1) 企业设置"基本生产成本"二级明细账，按直接材料、直接人工、燃料及动力、制造费用 4 个成本项目设置专栏。

(2) 原材料在生产开始时一次性投入，包装材料逐步投入，直接计入各批产品成本。

(3) 产品成本计算单按产品订单批号分别设置，月末不进行完工产品和在产品分配，月末如有完工，按计划成本结转，一批产品全部完工后，计算该批产品完工总成本和单位成本。

(4) 辅助车间的成本直接通过"辅助生产成本"账户核算，月末按其提供的劳务量比例将费用直接分配给受益车间及部门。

### 4.2.2 成本资料

天津康健医疗器械厂有关成本资料如下。

1. 20××年3月初

1) 电子血压计（生产批号 150101）

20××年1月19日根据生产订单投产3 000个电子血压计，1月没有完工产品，2月份生产完工产品2 000个，每个按计划单位生产成本190元结转，明细资料如表4-13所示。3月初在产品1 000个，在产品成本资料详见电子血压计（生产批号150101）成本计算单，如表4-11所示。

表4-11 产品成本计算单——电子血压计（生产批号150101）

投产日期：1月19日　　　　批量：3 000个　　　　完工日期：3月份

| 项目 | 数量 | 直接材料 | 直接人工 | 燃料及动力 | 制造费用 | 合计 |
|---|---|---|---|---|---|---|
| 期初在产品成本 | 1 000 | 98 000 | 5 000 | 1 000 | 2 500 | 106 500 |

2) 低频治疗仪（生产批号150201）

20××年2月接到生产订单生产低频治疗仪3 200个，2月24日根据生产订单当月先投产1 200个，2月份全部未完工。3月初有在产品1 200个，在产品成本资料见低频治疗仪（生产批号150201）产品成本计算单，如表4-12所示。

表4-12 产品成本计算单——低频治疗仪（生产批号150201）

投产日期：2月24日　　　　批量：3 200个　　　　预计完工日期：4月份

| 项目 | 数量 | 直接材料 | 直接人工 | 燃料及动力 | 制造费用 | 合计 |
|---|---|---|---|---|---|---|
| 期初在产品成本 | 1 200 | 43 200 | 5 000 | 2 400 | 3 000 | 53 600 |

3) 计划单位成本（见表4-13）

表4-13 计划单位生产成本

单位：元

| 产品名称及批号 | 材料费用 | 直接人工 | 燃料及动力 | 制造费用 | 合计 |
|---|---|---|---|---|---|
| 电子血压计/个<br>（生产批号150101） | 100 | 30 | 20 | 40 | 190 |
| 低频治疗仪/个<br>（生产批号150201） | 42 | 18 | 7 | 15 | 82 |

3) 月初在产品信息（见表4-11、4-12）

2. 本月生产情况

(1) 电子血压计（生产批号150101）。3月份生产完工产品1 000个，该产品截至3月份已全部完工。

(2) 低频治疗仪（生产批号 150201）。3 月又投入生产 2 000 个，本月完工 2 200 个，每个按计划生产本 82 元结转（明细资料见表 4-10），另 1 000 个仍在车间进行加工。

(3) 3 月份生产月报统计，本月完工产品产量及工时情况（见表 4-14）。

表 4-14　产品产量统计表

| 产品名称及批号 | 电子血压计<br>(150101) | 低频治疗仪<br>(150201) | 合计 |
| --- | --- | --- | --- |
| 月初在产品 | 1 000 | 1 200 | 2 200 |
| 本月投产 |  | 2 000 | 2 000 |
| 本月完工 | 1 000 | 2 200 | 3 200 |
| 月末在产品 |  | 1 000 | 1 000 |
| 生产工时 | 4 000 | 7 500 | 11 500 |

3. 本月生产费用发生情况

(1) 3 月份材料消耗情况（见表 4-15）。

表 4-15　材料消耗汇总表

20×× 年 3 月 31 日　　　　　　　　　　　　　　　　单位：元

| 材料名称 | 产品名称及批号 | | | 机芯车间 | 准备车间 | 组装车间 | 供水车间 | 供气车间 | 管理部门 | 合计 |
| --- | --- | --- | --- | --- | --- | --- | --- | --- | --- | --- |
| | 电子血压计<br>(150101) | 低频治疗仪<br>(150201) | 小计 | | | | | | | |
| 传感器 |  | 16 500 | 16 500 |  |  |  |  |  |  | 16 500 |
| 电容 |  | 15 000 | 15 000 |  |  |  |  |  |  | 15 000 |
| 液晶屏 |  | 10 000 | 10 000 |  |  |  |  |  |  | 10 000 |
| 芯片 |  | 20 000 | 20 000 |  |  |  |  |  |  | 20 000 |
| 上下盖 |  | 9 000 | 9 000 |  |  |  |  |  |  | 9 000 |
| 基板 |  | 6 000 | 6 000 |  |  |  |  |  |  | 6 000 |
| 袖带 |  |  | 0 |  |  |  |  |  |  | 0 |
| 包装材料 | 700 | 1 540 | 2 240 |  |  |  |  |  |  | 2 240 |
| 机物料 |  |  |  | 2 000 | 1 000 | 2 000 | 4 000 | 4 500 |  | 13 500 |
| 其他材料 |  |  |  |  |  |  |  |  | 2 000 | 2 000 |
| 合计 | 700 | 78 040 | 78 740 | 2000 | 1000 | 2000 | 4 000 | 4 500 | 2 000 | 94 240 |

(2) 3 月份外购动力情况。本月用银行存款支付动力费 40 000 元，共耗电 29 500 度，各部门耗电明细，如表 4-16 所示。

表 4-16　3 月份耗电明细表

| 车间部门 | 基本生产车间 | | | | 供水车间 | 供气车间 | 行政管理部门 | 合计 |
| --- | --- | --- | --- | --- | --- | --- | --- | --- |
| | 产品生产 | 机芯车间照明 | 准备车间照明 | 组装车间照明 | | | | |
| 耗电量/度 | 18 000 | 1 000 | 2 000 | 1 000 | 3 000 | 2 500 | 2 000 | 29 500 |

(3) 3 月份发生的直接人工费用情况（见表 4-17）。

表 4-17　职工薪酬结算汇总表

20××年 3 月 31 日　　　　　　　　　　　　　　　　　　　　　单位：元

| 车间部门 | | 应付职工薪酬 | | | | 代扣款项 | | | 实发金额 |
| --- | --- | --- | --- | --- | --- | --- | --- | --- | --- |
| | | 基础工资 | 各种津贴 | 奖金 | 合计 | 住房公积 | 退休统筹 | 小计 | |
| 生产车间 | 生产工人 | 60 000 | 6 000 | 5 000 | 71 000 | 7 100 | 1 420 | 8 520 | 62 480 |
| | 管理人员 | 5 000 | 1 000 | 1 500 | 7 500 | 750 | 150 | 900 | 6 600 |
| 供水车间 | | 15 000 | 2 000 | 700 | 17 700 | 1 770 | 354 | 2 124 | 15 576 |
| 供气车间 | | 25 000 | 2 500 | 900 | 28 400 | 2 840 | 568 | 3 408 | 24 992 |
| 行政管理部门 | | 15 000 | | 1 000 | 16 000 | 1 600 | 320 | 1 920 | 14 080 |
| 合计 | | 120 000 | 11 500 | 9 100 | 140 600 | 14 060 | 2 812 | 16 872 | 123 728 |

注：生产车间的管理人员仅一人，负责机芯车间、准备车间和组装车间 3 个生产车间。

(4) 20××年 3 月 1 日固定资产原值资料（见表 4-18）。

表 4-18　固定资产原值明细表

单位：元

| 车间部门 | | 房屋建筑物 | 机械设备 | 合计 |
| --- | --- | --- | --- | --- |
| 生产车间 | 机芯车间 | 2 000 000 | 100 000 | 2 100 000 |
| | 准备车间 | 1 000 000 | 80 000 | 1 080 000 |
| | 组装车间 | 1 500 000 | 60 000 | 1 560 000 |
| | 小计 | 4 500 000 | 240 000 | 4 740 000 |
| 供水车间 | | 1 200 000 | 30 000 | 1 230 000 |
| 供气车间 | | 1 800 000 | 40 000 | 1 840 000 |
| 行政管理部门 | | 2 000 000 | 25 000 | 2 025 000 |
| 合计 | | 9 500 000 | 335 000 | 9 835 000 |

注：该企业计提固定资产折旧采用分类折旧率，房屋建筑物月折旧率为 0.5%，机械设备月折旧率为 0.7%。

(5) 3月份以银行存款支付其他费用情况（见表4-19）。

表4-19 其他费用

单位：元

| 车间部门 | | 办公费 | 水费 | 差旅费 | 财产保险费 | 其他 | 合计 |
|---|---|---|---|---|---|---|---|
| 生产车间 | 机芯车间 | 500 | 600 | 300 | 2 000 | 200 | 3 600 |
| | 准备车间 | 450 | 500 | | 2 500 | 100 | 3 550 |
| | 组装车间 | 300 | 650 | | 3 000 | 150 | 4 100 |
| | 小计 | 1 250 | 1 750 | 300 | 7 500 | 450 | 11 250 |
| 供水车间 | | 100 | 200 | | 1 800 | 250 | 2 350 |
| 供气车间 | | 200 | 250 | | 1 500 | 300 | 2 250 |
| 行政管理部门 | | 700 | 200 | 1 000 | 2 000 | 400 | 4 300 |
| 合计 | | 2 250 | 2 400 | 1 300 | 12 800 | 1 400 | 20 150 |

(6) 3月份供水车间和供气车间劳务供应情况如表4-20和表4-21所示。

表4-20 供水车间劳务通知单

| 车间部门 | 机芯车间 | 准备车间 | 组装车间 | 供气车间 | 行政管理部门 | 合计 |
|---|---|---|---|---|---|---|
| 劳务量/吨 | 20 000 | 20 000 | 2 000 | 11 000 | 9 000 | 62 000 |

表4-21 供气车间劳务通知单

| 车间部门 | 机芯车间 | 准备车间 | 组装车间 | 供水车间 | 行政管理部门 | 合计 |
|---|---|---|---|---|---|---|
| 劳务量/米$^3$ | 20 000 | 10 800 | 9 000 | 15 500 | 8 000 | 63 300 |

### 4.2.3 实验要求

(1) 设置"基本成本"二级账户，设置"辅助生产成本""制造费用"明细账户。

(2) 编制各种费用分配表，编制有关记账凭证，登记有关账户。

(3) 月末采用直接分配法分配辅助生产费用；编制有关记账凭证，登记有关账户。

(4) 月末分配结转基本生产车间的制造费用，登记有关账户。

(5) 月末计算完工产品成本、月末在产品成本，编制产品完工入库业务的记账凭证。

(6) 将"基本生产成本"二级账户与"产品成本计算单"进行核对。

(7) 成本计算过程分配率保留小数点后4位，费用分配金额保留2位小数。

### 4.2.4 案例提示与参考答案

(1) 原材料费用分配结果及分录如下：

借：基本生产成本——电子血压计（直接材料）　　　　　　　　　　　700
　　　　　　　　——低频治疗仪（直接材料）　　　　　　　　　　78 040
　　制造费用——机芯车间　　　　　　　　　　　　　　　　　　　2 000

| | | |
|---|---|---|
| | ——准备车间 | 1 000 |
| | ——组装车间 | 2 000 |
| 辅助生产成本——供水车间 | | 4 000 |
| | ——供气车间 | 4 500 |
| 管理费用 | | 2 000 |
|  贷：原材料 | | 94 240 |

（2）外购动力费用分配如下（基本车间中产品所耗电度数，按照生产工时在不同产品之间进行分配）：

借：基本生产成本——电子血压计（燃料与动力）　　　　8 489.02
　　　　　　　　——低频治疗仪（燃料与动力）　　　　15 917.18
　　制造费用——机芯车间　　　　　　　　　　　　　　1 355.90
　　　　　　——准备车间　　　　　　　　　　　　　　2 711.80
　　　　　　——组装车间　　　　　　　　　　　　　　1 355.90
　　辅助生产成本——供水车间　　　　　　　　　　　　4 067.70
　　　　　　　　——供气车间　　　　　　　　　　　　3 389.75
　　管理费用　　　　　　　　　　　　　　　　　　　　2 712.75
　　　贷：银行存款　　　　　　　　　　　　　　　　 40 000

（3）生产车间的管理人员仅一人，负责3个基本生产车间。因此，生产车间的管理人员7 500元的工资薪酬，需要平均分配到机芯车间、准备车间和组装车间的"制造费用"科目内。

职工薪酬分配结果如下：

借：基本生产成本——电子血压计（直接人工）　　　　24 695.60
　　　　　　　　——低频治疗仪（直接人工）　　　　46 304.40
　　制造费用——机芯车间　　　　　　　　　　　　　　2 500
　　　　　　——准备车间　　　　　　　　　　　　　　2 500
　　　　　　——组装车间　　　　　　　　　　　　　　2 500
　　辅助生产成本——供水车间　　　　　　　　　　　17 700
　　　　　　　　——供气车间　　　　　　　　　　　28 400
　　管理费用　　　　　　　　　　　　　　　　　　　16 000
　　　贷：应付职工薪酬　　　　　　　　　　　　　 140 600

（4）折旧费用分配结果如下：

借：制造费用——机芯车间　　　　　　　　　　　　　10 700
　　　　　　——准备车间　　　　　　　　　　　　　 5 560
　　　　　　——组装车间　　　　　　　　　　　　　 7 920
　　辅助生产成本——供水车间　　　　　　　　　　　 6 210
　　　　　　　　——供气车间　　　　　　　　　　　 9 280
　　管理费用　　　　　　　　　　　　　　　　　　　10 175
　　　贷：累计折旧　　　　　　　　　　　　　　　 49 845

(5) 其他费用分配结果如下：

借：制造费用——机芯车间　　　　　　　　　　　　　　3 600
　　　　　　——准备车间　　　　　　　　　　　　　　3 550
　　　　　　——组装车间　　　　　　　　　　　　　　4 100
　　辅助生产成本——供水车间　　　　　　　　　　　　2 350
　　　　　　　　——供气车间　　　　　　　　　　　　2 250
　　管理费用　　　　　　　　　　　　　　　　　　　　4 300
　　贷：银行存款　　　　　　　　　　　　　　　　　　20 150

(6) 直接分配法下，辅助生产费用分配结果如下：

借：制造费用——机芯车间　　　　　　　　　　　　　　33 470
　　　　　　——准备车间　　　　　　　　　　　　　　24 266.32
　　　　　　——组装车间　　　　　　　　　　　　　　10 349.8
　　管理费用　　　　　　　　　　　　　　　　　　　　14 061.33
　　贷：辅助生产成本——供水车间　　　　　　　　　　34 327.7
　　　　　　　　　　——供气车间　　　　　　　　　　47 819.75

(7) 制造费用分配结果如下：

借：基本生产成本——电子血压计　　　　　　　　　　　42 239.60
　　　　　　　　——低频治疗仪　　　　　　　　　　　79 200.12
　　贷：制造费用——机芯车间　　　　　　　　　　　　53 625.90
　　　　　　　——准备车间　　　　　　　　　　　　　39 588.12
　　　　　　　——组装车间　　　　　　　　　　　　　28 225.70

(8) 完工产品计算表如表 4-22 所示。

表 4-22　完工产品成本计算表

20×× 年 3 月

| 产品名称 | 完工产量 | 直接材料 | 直接人工 | 燃料及动力 | 制造费用 | 合计 | |
|---|---|---|---|---|---|---|---|
| | | | | | | 总成本 | 单位成本 |
| 电子血压计 | 1 000 | 98 700.00 | 29 695.60 | 9 489.02 | 44 739.60 | 182 624.22 | 182.62 |
| 低频治疗仪 | 2 200 | 92 400.00 | 39 600.00 | 15 400.00 | 33 000.00 | 180 400.00 | 82.00 |
| 合计 | | 191 100.00 | 69 295.60 | 24 889.02 | 77 739.60 | 363 024.22 | — |

结转完工产品成本的分录如下：

借：库存商品——电子血压计　　　　　　　　　　　　　182 624.22
　　　　　　——低频治疗仪　　　　　　　　　　　　　180 400
　　贷：基本生产成本——电子血压计（直接材料）　　　98 700
　　　　　　　　　　——电子血压计（直接人工）　　　29 695.60

| | | |
|---|---|---|
| ——电子血压计（燃料与动力） | | 9 489.02 |
| ——电子血压计（制造费用） | | 44 739.60 |
| ——低频治疗仪（直接材料） | | 92 400 |
| ——低频治疗仪（直接人工） | | 39 600 |
| ——低频治疗仪（燃料与动力） | | 15 400 |
| ——低频治疗仪（制造费用） | | 33 000 |

## 4.3 逐步结转分步法模拟实训

### 4.3.1 企业基本情况

天津红星砖厂是一家生产黏土砖的企业，主要生产实心砖和多孔砖两种产品，产品生产主要经过配料成形、烘干和焙烧3个车间，其中配料成形车间负责将原材料加工成砖坯，烘干车间负责对配料成形车间交付的砖坯进行干燥处理，焙烧车间负责将烘干车间交付的砖坯进行焙烧以制成成品对外销售。该企业产品生产流程图如图4.10所示。

该企业产品成本计算方法采用逐步结转分步法。配料成形和烘干车间生产的半成品均不经过半成品库收发而直接进入下一个车间。半成品的结转方法采用综合结转法，各步骤完工产品与在产品的分配采用约当产量法。各车间月末在产品完工程度均为50%。其中，配料成形车间原材料是在生产开始时一次投入；烘干车间及焙烧车间领用的半成品在生产开始时一次投入。

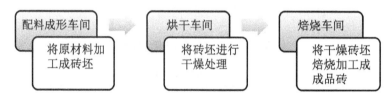

图 4.10 生产工艺流程图

### 4.3.2 成本资料

1. 期初在产品成本资料

期初在产品成本资料如表 4-23 所示。

表 4-23 ×月期初在产品成本明细表

| 车间 | 产品 | 数量 | 原材料 | 半成品 | 燃料动力 | 直接人工 | 制造费用 | 合计 |
|---|---|---|---|---|---|---|---|---|
| 配料成形车间 | 实心砖砖坯 | 600 | 3 000 | | 450 | 750 | 300 | 4 500 |
| | 多孔砖砖坯 | 500 | 2 700 | | 450 | 900 | 300 | 4 350 |

续表

| 车间 | 产品 | 数量 | 原材料 | 半成品 | 燃料动力 | 直接人工 | 制造费用 | 合计 |
|---|---|---|---|---|---|---|---|---|
| 烘干车间 | 实心砖砖坯 | 400 | | 4 000 | 500 | 300 | 200 | 5 000 |
| | 多孔砖砖坯 | 300 | | 3 600 | 360 | 180 | 60 | 4 200 |
| 焙烧车间 | 实心砖 | 300 | | 4 500 | 1 575 | 450 | 225 | 6 750 |
| | 多孔砖 | 200 | | 3 200 | 1 170 | 450 | 180 | 5 000 |

2．本月生产资料

本月生产资料如表 4-24 所示。

表 4-24　×月生产工时统计表

| 车间 | 产品 | 投入数量 | 完工数量 | 在产数量 | 本月工时 |
|---|---|---|---|---|---|
| 配料成形车间 | 实心砖砖坯 | 3 600 | 3 800 | 400 | 1 188 |
| | 多孔砖砖坯 | 3 000 | 3 200 | 300 | 1 320 |
| 烘干车间 | 实心砖砖坯 | 3 800 | 4 000 | 200 | 1 250 |
| | 多孔砖砖坯 | 3 200 | 3 100 | 400 | 775 |
| 焙烧车间 | 实心砖 | 4 000 | 3 900 | 400 | 3 656 |
| | 多孔砖 | 3 100 | 3 000 | 300 | 3 375 |

3．本月成本费用发生资料

（1）原材料、燃料费用，如表 4-25 所示。

表 4-25　×月原材料、燃料领用汇总表

| 车间 | 产品 | 黏土 | 石英砂 | 燃煤 | 合计 |
|---|---|---|---|---|---|
| 配料成形车间 | 实心砖砖坯 | 14 400 | 3 600 | — | 18 000 |
| | 多孔砖砖坯 | 11 340 | 4 860 | — | 16 200 |
| 焙烧车间 | 实心砖 | — | — | 32 760 | 32 760 |
| | 多孔砖 | — | — | 28 080 | 28 080 |
| | 合计 | 25 740 | 8 460 | 60 840 | 95 040 |

（2）职工薪酬，如表 4-26 所示。

表 4-26　×月职工薪酬汇总表

| 部门 | 人员类别 | 基础工资 | 津贴 | 奖金 | 应付工资 |
|---|---|---|---|---|---|
| 配料成形车间 | 生产工人 | 11 518 | 3 801 | 1 497 | 16 816 |

续表

| 部门 | 人员类别 | 基础工资 | 津贴 | 奖金 | 应付工资 |
|---|---|---|---|---|---|
| 配料成形车间 | 管理人员 | 2 879 | 950 | 375 | 4 204 |
| 烘干车间 | 生产工人 | 5 326 | 1 758 | 692 | 7 776 |
| 烘干车间 | 管理人员 | 1 332 | 439 | 173 | 1 944 |
| 焙烧车间 | 生产工人 | 13 808 | 4 557 | 1 795 | 20 160 |
| 焙烧车间 | 管理人员 | 3 452 | 1 139 | 449 | 5 040 |
| 管理部门 | | 5 178 | 1 709 | 673 | 7 560 |
| 合计 | | 43 493 | 14 353 | 5 654 | 63 500 |

(3) 外购水、电费用。×月该公司共计发生电费 34 115 元,水费 10 153 元,各部门水、电耗用量如表 4-27 所示。

表 4-27 ×月水、电耗用量明细表

| 使用部门 | 用途 | 耗电量(度) | 耗水量(吨) |
|---|---|---|---|
| 配料成形车间 | 生产用 | 3 369 | 567 |
| 配料成形车间 | 办公用 | 69 | 6 |
| 烘干车间 | 生产用 | 7 691 | 216 |
| 烘干车间 | 办公用 | 157 | 2 |
| 焙烧车间 | 生产用 | 5 647 | 473 |
| 焙烧车间 | 办公用 | 57 | 2 |
| 管理部门 | 办公用 | 68 | 3 |
| 合计 | | 17 058 | 1 269 |

(4) 制造费用。财务核算系统中采集的×月各车间的其他制造费用(除职工薪酬、水电费外)如表 4-28 所示。

表 4-28 ×月制造费用部门明细账

| 科目 | 配料成形车间 | 烘干车间 | 焙烧车间 | 合计 |
|---|---|---|---|---|
| 折旧 | 1 031 | 989 | 1 863 | 3 883 |
| 办公费 | 687 | 659 | 1 242 | 2 588 |
| 差旅费 | 344 | 330 | 620 | 1 294 |
| 低值易耗品 | 859 | 824 | 1 553 | 3 236 |
| 其他 | 515 | 494 | 932 | 1 941 |
| 合计 | 3 436 | 3 296 | 6 210 | 12 942 |

### 4.3.3 实验要求

(1) 设置"基本生产成本"明细账(按各车间成本计算对象设置),登记期初余额(注:

辅助生产车间不设制造费用账户)。

(2) 根据各种费用分配汇总表,编制记账凭证,登记有关明细账。

(3) 月末采用计划成本分配法,分配辅助生产费用。

(4) 月末分配结转基本生产车间的制造费用(按产品的生产工时比例分配)。

(5) 结转基本生产成本明细账计算完工产品(或半成品)及月末在产品成本,完工产品(或半成品)与月末在产品费用分配法采用约当产量法。

(6) 成本计算过程分配率保留小数点后 4 位,费用分配金额保留 2 位小数。

## 4.3.4 案例提示与参考答案

(1) 原材料费用分配结果与分录如下:

借:基本生产成本——配料成形车间——实心砖砖坯(直接材料)　　18 000
　　　　　　　　　　　　　　　　——多孔砖砖坯(直接材料)　　16 200
　　贷:原材料——黏土　　　　　　　　　　　　　　　　　　　　25 740
　　　　　　——石英砂　　　　　　　　　　　　　　　　　　　　 8 460

(2) 燃料与动力分配结果与分录如下:

借:基本生产成本——焙烧车间——实心砖(燃料与动力)　　　　　32 760
　　　　　　　　　　　　　　——多孔砖(燃料与动力)　　　　　28 080
　　贷:原材料——燃煤　　　　　　　　　　　　　　　　　　　　60 840

(3) 工资费用分配结果与分录如下:

借:基本生产成本——配料成形车间——实心砖砖坯(直接人工)　　7 965.42
　　　　　　　　　　　　　　　　——多孔砖砖坯(直接人工)　　8 850.58
　　　　　　　　——烘干车间——实心砖砖坯(直接人工)　　　　4 800
　　　　　　　　　　　　　　——多孔砖砖坯(直接人工)　　　　2 976
　　　　　　　　——焙烧车间——实心砖(直接人工)　　　　　　10 482.85
　　　　　　　　　　　　　　——多孔砖(直接人工)　　　　　　 9 677.15
　　制造费用——配料成形车间　　　　　　　　　　　　　　　　　4 204.00
　　　　　——烘干车间　　　　　　　　　　　　　　　　　　　　1 944.00
　　　　　——焙烧车间　　　　　　　　　　　　　　　　　　　　5 040.00
　　管理费用　　　　　　　　　　　　　　　　　　　　　　　　　7 560.00
　　贷:应付职工薪酬　　　　　　　　　　　　　　　　　　　　　63 500.00

(4) 外购水电费分配结果与分录如下:

借:基本生产成本——配料成形车间——实心砖砖坯(燃料与动力)　　5 340
　　　　　　　　　　　　　　　　——多孔砖砖坯(燃料与动力)　　5 934
　　　　　　　　——烘干车间——实心砖砖坯(燃料与动力)　　　　10 562
　　　　　　　　　　　　　　——多孔砖砖坯(燃料与动力)　　　　 6 548
　　　　　　　　——焙烧车间——实心砖(燃料与动力)　　　　　　 7 840
　　　　　　　　　　　　　　——多孔砖(燃料与动力)　　　　　　 7 238

|  |  |
|---|---|
| 　　制造费用——配料成形车间 | 186 |
| 　　　　　　——烘干车间 | 330 |
| 　　　　　　——焙烧车间 | 130 |
| 　　管理费用 | 160 |
| 　　　贷：银行存款 | 44 268 |

　　(5) 制造费用分配结果及分录如下：

|  |  |
|---|---|
| 　　借：基本生产成本——配料成形车间——实心砖砖坯（制造费用） | 3 707 |
| 　　　　　　　　　　　　　　　　　　——多孔砖砖坯（制造费用） | 4 119 |
| 　　　　　　　　　——烘干车间——实心砖砖坯（制造费用） | 3 438 |
| 　　　　　　　　　　　　　　　——多孔砖砖坯（制造费用） | 2 132 |
| 　　　　　　　　　——焙烧车间——实心砖（制造费用） | 5 917 |
| 　　　　　　　　　　　　　　　——多孔砖（制造费用） | 5 463 |
| 　　　贷：制造费用——配料成形车间 | 7 826 |
| 　　　　　　　　——烘干车间 | 5 570 |
| 　　　　　　　　——焙烧车间 | 11 380 |

　　(6) 月末转出完工产品成本如下：实心砖的完工产品总成本为 11 3019.65 元；多孔砖的完工产品总成本为 95 766.25 元。

## 4.4　平行结转分步法模拟实训

### 4.4.1　企业成本核算概况

　　天津宏飞公司是一家大型液体容器贮箱的生产企业，主要生产甲、乙两种型号贮箱，其中甲型号贮箱由 3 个甲型号零件组装而成，乙型号产品由 4 个乙型号零件组装而成。产品生产主要经过 3 个基本生产车间：钣金车间、电镀车间和装配车间，其中钣金车间负责将原材料加工成型制成贮箱所需零件，电镀车间负责对钣金车间加工交付的零件进行电镀处理以达到防腐蚀的目的，装配车间负责将电镀车间交付的零件进行装配以制成成品对外销售。此外，宏飞公司还设有两个辅助生产车间：供电车间和供水车间，为基本生产车间及管理部门提供电力和水。该公司产品生产工艺路线图如图 4.11 所示。

　　该企业产品成本计算方法采用平行结转分步法。以生产贮箱所经的生产步骤为成本核算对象，各步骤生产费用在完工产品与月末在产品之间的分配采用约当产量法，月末在产品完工程度为 50%。钣金车间的原材料在生产开始时一次投入，装配车间的原材料随着生产进度陆续投入。辅助生产车间不设置"制造费用"账户，月末按直接分配法分配辅助生产费用。

图 4.11　产品生产工艺路线图

### 4.4.2 成本资料

1. 期初在产品成本资料（见表4-29）

表4-29  ×月期初在产品成本明细表

| 车间 | 产品 | 数量 | 原材料 | 燃料动力 | 直接人工 | 制造费用 | 合计 |
|---|---|---|---|---|---|---|---|
| 钣金车间 | 甲型号零件 | 30 | 80 672 | 75 680 | 128 540 | 141 040 | 425 932 |
| | 乙型号零件 | 20 | 121 008 | 113 520 | 192 810 | 211 560 | 638 898 |
| 电镀车间 | 甲型号电镀零件 | 18 | | 53 580 | 86 340 | 112 560 | 252 480 |
| | 乙型号电镀零件 | 12 | | 35 720 | 57 560 | 75 040 | 168 320 |
| 装配车间 | 甲型号贮箱 | 6 | 4 227 | 27 254 | 75 216 | 98 721 | 205 418 |
| | 乙型号贮箱 | 3 | 5 662 | 29 525 | 81 484 | 106 948 | 223 619 |

2. 本月生产资料（见表4-30）

表4-30  ×月生产工时统计表

| 车间 | 产品 | 投入数量 | 完工数量 | 在产数量 | 本月工时 |
|---|---|---|---|---|---|
| 钣金车间 | 甲型号零件 | 216 | 210 | 36 | 7 872 |
| | 乙型号零件 | 156 | 160 | 16 | 9 063 |
| 电镀车间 | 甲型号电镀零件 | 210 | 207 | 21 | 11 299 |
| | 乙型号电镀零件 | 160 | 164 | 8 | 7 141 |
| 装配车间 | 甲型号贮箱 | 69 | 70 | 5 | 17 254 |
| | 乙型号贮箱 | 41 | 40 | 4 | 16 167 |

3. 本月成本费用发生资料

(1) 材料费用（见表4-31）。

表4-31  ×月原材料领用汇总表

| 车间 | 产品 | 铝板 | 标准件 | 合计 |
|---|---|---|---|---|
| 钣金车间 | 甲型号零件 | 264 017 | | 264 017 |
| | 乙型号零件 | 393 276 | | 393 276 |
| 装配车间 | 甲型号贮箱 | | 97 221 | 97 221 |
| | 乙型号贮箱 | | 116 071 | 116 071 |
| 合计 | | 657 293 | 213 292 | 870 585 |

(2)职工薪酬(见表4-32)。

表4-32 ×月职工薪酬汇总表

| 部门 | 人员类别 | 工资 | 津贴 | 奖金 | 应付工资合计 |
|---|---|---|---|---|---|
| 钣金车间 | 生产工人 | 700 101 | 231 033 | 91 013 | 1 022 147 |
| | 管理人员 | 105 015 | 34 655 | 13 652 | 153 322 |
| 电镀车间 | 生产工人 | 777 443 | 256 556 | 101 067 | 1 135 066 |
| | 管理人员 | 116 616 | 38 484 | 15 160 | 170 260 |
| 装配车间 | 生产工人 | 2 364 904 | 780 418 | 307 438 | 3 452 760 |
| | 管理人员 | 354 736 | 117 063 | 46 116 | 517 915 |
| 供电车间 | 全部 | 280 249 | 92 482 | 36 432 | 409 163 |
| 供水车间 | 全部 | 70 062 | 23 121 | 9 108 | 102 291 |
| 管理部门 | 全部 | 476 913 | 157 381 | 61 999 | 696 293 |
| 合计 | | 5 246 039 | 1 731 193 | 681 985 | 765 9217 |

(3)辅助生产成本。财务核算系统中采集的×月各车间的辅助生产成本(除职工薪酬外)如表4-33所示。

表4-33 ×月辅助生产成本部门明细账

| 科目 | 供电车间 | 供水车间 | 合计 |
|---|---|---|---|
| 外购电 | 1 145 659 | | 1 145 659 |
| 外购水 | | 286 415 | 286 415 |
| 折旧 | 32 733 | 8 183 | 40 916 |
| 办公费 | 16 367 | 4 092 | 20 459 |
| 差旅费 | 40 916 | 10 229 | 51 145 |
| 低值易耗品 | 49 100 | 12 275 | 61 375 |
| 其他 | 245 498 | 6 137 | 251 635 |
| 合计 | 1 530 273 | 327 331 | 1 857 604 |

(4)辅助生产车间提供电、水的数量(见表4-34)。

表4-34 辅助生产车间电、水用量

| 使用部门 | 辅助车间 用途 | 供电车间/度 | 供水车间/吨 |
|---|---|---|---|
| 钣金车间 | 生产用 | 235 908 | 14 895 |
| | 办公用 | 4 814 | 150 |
| 电镀车间 | 生产用 | 276 120 | 17 434 |

续表

| 使用部门 \ 辅助车间 | 用途 | 供电车间/度 | 供水车间/吨 |
|---|---|---|---|
| 电镀车间 | 办公用 | 5 635 | 176 |
| 装配车间 | 生产用 | 495 428 | 31 121 |
|  | 办公用 | 5 004 | 156 |
| 管理部门 | 办公用 | 6 006 | 187 |
| 合计 |  | 1 028 915 | 64 119 |

(5) 制造费用。财务核算系统中采集的×月各车间的制造费用（除职工薪酬外、水电费）如表 4-35 所示。

表 4-35　×月制造费用部门明细账

| 科目 | 钣金车间 | 电镀车间 | 装配车间 | 合计 |
|---|---|---|---|---|
| 折旧 | 290 467 | 392 852 | 1 204 152 | 1 887 471 |
| 办公费 | 193 645 | 261 901 | 802 768 | 1 258 314 |
| 差旅费 | 96 822 | 130 951 | 401 384 | 629 157 |
| 低值易耗品 | 242 056 | 327 377 | 1 003 460 | 1 572 893 |
| 其他 | 145 234 | 196 426 | 602 076 | 943 736 |
| 合计 | 968 224 | 1 309 507 | 4 013 840 | 6 291 571 |

### 4.4.3　实验要求

(1) 按产品及生产步骤设置"基本生产成本"明细账，按车间设置"辅助生产成本""制造费用"明细账。
(2) 编制各种费用分配表，编制记账凭证，登记有关账簿。
(3) 月末采用直接分配法，分配辅助生产费用，编制有关记账凭证。
(4) 月末分配基本生产车间的制造费用，登记有关账簿。
(5) 按平行结转分步法计算本月产品成本，并登记有关账簿及成本计算单。
(6) 成本计算过程分配率保留小数点后 4 位，费用分配金额保留 2 位小数。

### 4.4.4　案例提示与参考答案

(1) 材料费用分配结果及分录如下：
借：基本生产成本——钣金车间——甲型号零件（直接材料）　　264 017
　　　　　　　　　　　　　——乙型号零件（直接材料）　　393 276
　　　　　　　　——装配车间——甲型号贮箱（直接材料）　　97 221
　　　　　　　　　　　　　——乙型号贮箱（直接材料）　　116 071

贷：原材料——铝板　　　　　　　　　　　　　　　　　　　657 293
　　　　　　　——标准件　　　　　　　　　　　　　　　　　　213 292
（2）工资费用分配结果与分录如下：
　借：基本生产成本——钣金车间——甲型号零件（直接人工）　　475 131.09
　　　　　　　　　　　　　　　——乙型号零件（直接人工）　　547 015.91
　　　　　　　　　　——电镀车间——甲型号电镀零件（直接人工）　695 505.43
　　　　　　　　　　　　　　　——乙型号电镀零件（直接人工）　439 560.57
　　　　　　　　　　——装配车间——甲型号贮箱（直接人工）　　1 782 529.72
　　　　　　　　　　　　　　　——乙型号贮箱（直接人工）　　1 670 230.28
　　　制造费用——钣金车间　　　　　　　　　　　　　　　　　153 322
　　　　　　　——电镀车间　　　　　　　　　　　　　　　　　170 260
　　　　　　　——装配车间　　　　　　　　　　　　　　　　　517 915
　　　辅助生产成本——供电车间　　　　　　　　　　　　　　　409 163
　　　　　　　　　——供水车间　　　　　　　　　　　　　　　102 291
　　　管理费用　　　　　　　　　　　　　　　　　　　　　　696 293
　　　贷：应付职工薪酬　　　　　　　　　　　　　　　　　　　7 659 217
（3）辅助生产费用分配结果及分录如下：
　借：基本生产成本——钣金车间——甲型号零件（燃料与动力）　253 087.16
　　　　　　　　　　　　　　　——乙型号零件（燃料与动力）　291 378.29
　　　　　　　　　　——电镀车间——甲型号电镀零件（燃料与动力）390 485.53
　　　　　　　　　　　　　　　——乙型号电镀零件（燃料与动力）246 787.83
　　　　　　　　　　——装配车间——甲型号贮箱（燃料与动力）　589 755.52
　　　　　　　　　　　　　　　——乙型号贮箱（燃料与动力）　552 599.87
　　　制造费用——钣金车间　　　　　　　　　　　　　　　　　10 078.97
　　　　　　　——电镀车间　　　　　　　　　　　　　　　　　11 800.68
　　　　　　　——装配车间　　　　　　　　　　　　　　　　　10 477.3
　　　管理费用　　　　　　　　　　　　　　　　　　　　　　12 606.85
　　　贷：辅助生产成本——供电车间　　　　　　　　　　　　　1 939 436
　　　　　　　　　　　——供水车间　　　　　　　　　　　　　429 622
（4）制造费用分配结果及分录如下：
　借：基本生产成本——钣金车间——甲型号零件（制造费用）　　526 020.42
　　　　　　　　　　　　　　　——乙型号零件（制造费用）　　605 604.55
　　　　　　　　　　——电镀车间——甲型号电镀零件（制造费用）　913 948.99
　　　　　　　　　　　　　　　——乙型号电镀零件（制造费用）　577 618.69
　　　　　　　　　　——装配车间——甲型号贮箱（制造费用）　　2 344 982.51
　　　　　　　　　　　　　　　——乙型号贮箱（制造费用）　　2 197 249.79
　　　贷：制造费用——钣金车间　　　　　　　　　　　　　　　1 131 624.97
　　　　　　　　　——电镀车间　　　　　　　　　　　　　　　1 491 567.68
　　　　　　　　　——装配车间　　　　　　　　　　　　　　　4 542 232.30

(5) 在平行结转分步法中,"完工产品"是指企业"最后完工的产成品";某个步骤的"在产品"是指"广义在产品",包括该步骤尚未加工完成的在产品(称为该步骤的狭义在产品)和该步骤已完工但尚未最终完成的产品(即后面各步骤的狭义在产品)。

在平行结转分步法中,计算某步骤的广义在产品的约当产量时,应用以下公式:

某步骤月末(广义)在产品约当产量=该步骤月末狭义在产品数量×在产品完工程度+$\sum$(以后各步骤月末狭义在产品数量×每件狭义在产品耗用的该步骤的完工半成品的数量)

另外还要注意:如果原材料在生产开始时一次投入,计算第一车间广义在产品约当产量时,直接材料的在产品完工程度按照 100% 计算。

(6) 本案例中,期末甲型号贮箱完工产品总成本 7 811 912.22 元,单位产品成本 111 598.75 元。乙型号贮箱完工产品总成本 7 337 132.64 元,单位产品成本 183 428.32 元。

## 4.5 成本报表的编制与分析模拟实训

### 4.5.1 企业成本核算概况

天津市某文具公司采用订单式生产高级铅笔,种类为学生用 HB 铅笔、绘画用 2H 铅笔,生产铅笔的主要原料是铅条、木材、漆等。某年该公司生产的 HB 铅笔和 2H 铅笔的售价分别是每只 8 元、12 元,计划售价是 7.8 元、12.2 元。市场上铅笔生产厂商较多,竞争激烈,进行成本报表编制与分析对于该公司降低成本,增强市场竞争优势,有着至关重要的意义。

### 4.5.2 成本材料

该公司成本核算的相关资料如下:

(1) 产品产量资料(见表 4-36)。

表 4-36 年度产量总表

| 产品种类 | 计量单位 | 上年实际 | 本年计划 | 本年实际 |
| --- | --- | --- | --- | --- |
| HB | 支 | 8 000 000 | 8 500 000 | 8 400 000 |
| 2H | 支 | 6 500 000 | 7 000 000 | 7 500 000 |

(2) 产品成本资料(见表 4-37~表 4-41)。

表 4-37 产品单价成本表

| 产品种类 | 年份 | 直接材料 | 直接人工 | 制造费用 | 合计/元 |
| --- | --- | --- | --- | --- | --- |
| HB | 上年实际 | 3 | 2 | 1.5 | 6.5 |
| | 本年计划 | 2.8 | 2 | 1 | 5.8 |
| | 本年实际 | 3 | 2.4 | 1 | 6.4 |

续表

| 产品种类 | 年份 | 直接材料 | 直接人工 | 制造费用 | 合计/元 |
|---|---|---|---|---|---|
| 2H | 上年实际 | 4 | 3 | 2 | 9 |
| | 本年计划 | 3.8 | 3.2 | 1.5 | 8.5 |
| | 本年实际 | 4.2 | 3.6 | 1.8 | 9.6 |

表4-38 HB铅笔直接材料单位消耗量及材料单价表

| 直接材料 | 本年实际 | | | 本年计划 | | |
|---|---|---|---|---|---|---|
| | 消耗量 | 单价 | 金额 | 消耗量 | 单价 | 金额 |
| 铅条 | 1 | 1.8 | 1.8 | 1 | 1.5 | 1.5 |
| 木材 | 1.8 | 0.5 | 0.9 | 2.5 | 0.4 | 1 |
| 漆 | 3 | 0.1 | 0.3 | 3 | 0.1 | 0.3 |
| 合计 | | | 3 | | | 2.8 |

表4-39 HB铅笔单位工时消耗及小时薪酬率表

| 项目 | 实际 | 计划 |
|---|---|---|
| 单位产品生产工时/小时 | 0.5 | 0.4 |
| 小时薪酬率 | 4.8 | 5 |
| 小时费用 | 2 | 2.5 |
| 单位产品直接人工费用/元 | 2.4 | 2 |
| 单位产品制造费用/元 | 1 | 1 |

表4-40 2H铅笔直接材料单位消耗量及材料单价表

| 直接材料 | 本年实际 | | | 本年计划 | | |
|---|---|---|---|---|---|---|
| | 消耗量 | 单价 | 金额 | 消耗量 | 单价 | 金额 |
| 铅条 | 1 | 2.8 | 2.8 | 1 | 2.5 | 2.5 |
| 木材 | 1.6 | 0.5 | 0.8 | 2.5 | 0.4 | 1 |
| 漆 | 3 | 0.2 | 0.6 | 3 | 0.1 | 0.3 |
| 合计 | | | 4.2 | | | 3.8 |

表4-41 2H铅笔单位工时消耗及小时薪酬率表

| 项目 | 实际 | 计划 |
|---|---|---|
| 单位产品生产工时/小时 | 0.6 | 0.5 |
| 小时薪酬率 | 6 | 6.4 |
| 小时费用 | 3 | 3 |

续表

| 项目 | 实际 | 计划 |
|---|---|---|
| 单位产品直接人工费用 / 元 | 3.6 | 3.2 |
| 单位产品制造费用 / 元 | 1.8 | 1.5 |

(3) 该公司某年期间费用发生情况如表 4-42 所示。

表 4-42 期间费用明细表

| 期间费用 | 本年累计发生额 / 元 |
|---|---|
| 制造费用 | 84 500 |
| 　　修理费 | 35 000 |
| 　　办公费 | 7 500 |
| 　　取暖费 | 12 000 |
| 　　水费 | 17 000 |
| 　　电费 | 13 000 |
| 管理费用 | 28 000 |
| 　　折旧费 | 3 000 |
| 　　办公费 | 5 000 |
| 　　差旅费 | 7 000 |
| 　　绿化费 | 13 000 |
| 销售费用 | 62 000 |
| 　　运输费 | 32 000 |
| 　　包装费 | 14 000 |
| 　　广告费 | 16 000 |
| 财务费用 | 0 |

### 4.5.3 实验要求

(1) 根据年度产量总表，进行 HB、2H 铅笔年度产量计划增长情况及计划产量增长完成情况的分析。

(2) 对两种产品的生产成本表编制与分析。

(3) 进行产品成本计划完成情况分析。

(4) 进行产品单位成本变动情况分析。

(5) 结合产品生产成本、期间费用以及销售价格，分析产品的获利情况。

(6) 针对两种产品存在的问题，提出下一步成本控制点。

(7) 计算过程成本降低率保留 4 位小数，成本降低额保留 2 位小数。

(8) 将成本分析过程与结果制作成幻灯片。

### 4.5.4 案例提示与参考答案

**1. 年度产量计划增长情况及计划产量增长完成情况的分析**

该公司生产 HB、2H 铅笔,根据年度产量总表,编制 HB、2H 铅笔年度产量增长计划表及年度产量增长计划完成情况表,并进行相应的分析(见表 4-43 和表 4-44)。

表 4-43  HB、2H 铅笔年度产量增长计划表

| 产品种类 | 上年实际 | 本年计划 | 计划增长指标 | |
| --- | --- | --- | --- | --- |
| | | | 增长量/支 | 增长率 |
| HB | 8 000 000 | 8 500 000 | 500 000 | 6.250 0% |
| 2H | 6 500 000 | 7 000 000 | 500 000 | 7.692 3% |
| 合计 | 14 500 000 | 15 500 000 | 1 000 000 | 6.896 6% |

表 4-44  HB、2H 铅笔年度产量增长计划完成情况表

| 产品名称 | 上年实际 | 本年实际 | 计划完成情况 | |
| --- | --- | --- | --- | --- |
| | | | 增长量/支 | 增长率 |
| HB | 8 000 000 | 8 400 000 | 400 000 | 5.000 0% |
| 2H | 6 500 000 | 7 500 000 | 1 000 000 | 15.384 6% |
| 合计 | 14 500 000 | 15 900 000 | 1 400 000 | 9.655 2% |

分析 HB、2H 铅笔年度产量增长计划的完成情况,即将其年度产量实际增长量、增长率指标与计划增长量、增长率指标进行对比,确定实际与计划的差异:

$$增长量 = 1\ 400\ 000\ 支 - 1\ 000\ 000\ 支 = 400\ 000\ 支$$
$$增长率 = 9.655\ 2\% - 6.896\ 6\% = 2.758\ 6\%$$

通过计算得出 HB、2H 铅笔年度实际产量超额完成,实际比计划多增加产量 400 000 支,增长了 2.758 6%,表明该公司市场份额增加。

**2. 生产成本表编制与分析**

根据表 4-45 可知,本年实际总成本较按上年实际单位成本与本年计划单位成本计算的年总成本均高。

表 4-45  产品生产成本表

单位:元

| 产品名称 | 计量单位 | 本年实际产量 | 单位成本 | | | 年总成本 | | |
| --- | --- | --- | --- | --- | --- | --- | --- | --- |
| | | | 上年实际 | 本年计划 | 本年实际 | 按上年实际单位成本计算 | 按本年计划单位成本计算 | 按本年实际单位成本计算 |
| HB | 支 | 8 400 000 | 6.5 | 5.8 | 6.4 | 54 600 000 | 48 720 000 | 53 760 000 |
| 2H | 支 | 7 500 000 | 9 | 8.5 | 9.6 | 67 500 000 | 63 750 000 | 72 000 000 |
| 合计 | | | | | | 122 100 000 | 112 470 000 | 125 760 000 |

具体对本年实际成本与本年计划成本、本年实际成本与上年实际成本进行对比分析,计算成本降低额和降低率,计算结果如表 4-46 所示。

表 4-46 产品生产成本分析表

| 产品名称 | 本年实际与本年计划 | | 本年实际与上年实际 | |
| --- | --- | --- | --- | --- |
| | 降低额/元 | 降低率 | 降低额/元 | 降低率 |
| HB | −5 040 000 | −10.344 8% | 840 000 | 1.538 5% |
| 2H | −8 250 000 | −12.941 2% | −4 500 000 | −6.666 7% |
| 合计 | −13 290 000 | −11.816 5% | −3 660 000 | −2.997 5% |

通过表 4-45 计算得出,HB 和 2H 铅笔本年实际与本年计划相比,成本降低额分别为 −5 040 000 元、−8 250 000 元,降低率分别为 −10.344 8%、−12.941 2%;本年实际与上年实际相比,成本降低额分别为 840 000 元、−4 500 000 元,降低率分别为 1.538 55%、−6.666 7%。HB 铅笔本年实际与上年实际相比成本是降低,但改变不了总成本增加的情况。

3. 产品成本计划完成情况分析

结合表 4-47、表 4-48 分析 HB、2H 铅笔成本降低计划的完成情况,即将其成本实际降低量、降低率指标与计划降低量、降低率指标进行对比,确定实际与计划的差异:

降低额 =−3 660 000 元 −9 450 000 元 =−13 110 000 元

降低率 =−2.997 5%−7.991 5%=−10.989 1%

表 4-47 HB、2H 铅笔成本降低计划表

| 产品种类 | 全年计划产量(支) | 单位成本 | | 总成本 | | 计划降低指标 | |
| --- | --- | --- | --- | --- | --- | --- | --- |
| | | 上年实际/(元/支) | 本年计划/(元/支) | 按上年实际单位成本计算/元 | 按本年计划单位成本计算/元 | 降低额/元 | 降低率 |
| HB | 8 500 000 | 6.5 | 5.8 | 55 250 000 | 49 300 000 | 5 950 000 | 10.769 2% |
| 2H | 7 000 000 | 9 | 8.5 | 63 000 000 | 59 500 000 | 3 500 000 | 5.555 6% |
| 合计 | | | | 118 250 000 | 108 800 000 | 9 450 000 | 7.991 5% |

表 4-48 HB、2H 铅笔成本降低计划完成情况表

| 产品种类 | 全年实际产量(支) | 单位成本 | | 总成本 | | 计划完成情况 | |
| --- | --- | --- | --- | --- | --- | --- | --- |
| | | 上年实际/(元/支) | 本年实际/(元/支) | 按上年实际单位成本计算/元 | 按本年实际单位成本计算/元 | 降低额/元 | 降低率 |
| HB | 8 400 000 | 6.5 | 6.4 | 54 600 000 | 53 760 000 | 840 000 | 1.538 5% |
| 2H | 7 500 000 | 9 | 9.6 | 67 500 000 | 72 000 000 | −4 500 000 | −6.666 7% |
| 合计 | — | — | — | 122 100 000 | 125 760 000 | −3 660 000 | −2.997 5% |

通过计算得出 HB、2H 铅笔成本降低计划没有完成,实际比计划增加 13 110 000 元,增加 10.989 1%。

### 4. 产品单位成本变动情况分析

从表 4-49 和表 4-50 可知，HB 铅笔单位成本本年实际比上年实际降低了 0.1 元，比本年计划增加了 0.6 元；2H 铅笔本年实际比上年实际增加了 0.6 元，比本年计划增加了 1.1 元。相比而言，HB 产品单位成本降低情况较好，其主要是由于制造费用的节约，而直接人工费用却有所超支，说明还存在成本降低的空间。对于 2H 产品，直接材料费和直接人工费本年实际比本年计划和上年实际均有所超支，主要是该公司在降低 2H 产品的直接材料消耗、改进 2H 产品的劳动组织、提高劳动生产率方面效果不显著。下面具体分析直接材料、直接人工及制造费用对产品单位成本的影响（见表 4-51）。

表 4-49 HB 铅笔单位成本分析表

单位：元

| 成本项目 | 上年实际 | 本年计划 | 本年实际 | 差异 | |
|---|---|---|---|---|---|
| | | | | 比上年实际 | 比本年计划 |
| 直接材料 | 3 | 2.8 | 3 | 0 | 0.2 |
| 直接人工 | 2 | 2 | 2.4 | 0.4 | 0.4 |
| 制造费用 | 1.5 | 1 | 1 | −0.5 | 0 |
| 产品单位成本 | 6.5 | 5.8 | 6.4 | −0.1 | 0.6 |

表 4-50 2H 铅笔单位成本分析表

单位：元

| 成本项目 | 上年实际 | 本年计划 | 本年实际 | 差异 | |
|---|---|---|---|---|---|
| | | | | 比上年实际 | 比本年计划 |
| 直接材料 | 4 | 3.8 | 4.2 | 0.2 | 0.4 |
| 直接人工 | 3 | 3.2 | 3.6 | 0.6 | 0.4 |
| 制造费用 | 2 | 1.5 | 1.8 | −0.2 | 0.3 |
| 产品单位成本 | 9 | 8.5 | 9.6 | 0.6 | 1.1 |

表 4-51 直接材料费用分析表

| 产品名称 | 原材料名称 | 计量单位 | 耗用量 | | 单价 | | 直接材料费用 | | 差异 | |
|---|---|---|---|---|---|---|---|---|---|---|
| | | | 计划 | 实际 | 计划 | 实际 | 计划 | 实际 | 数量 | 金额 |
| HB | 铅条 | 根 | 1 | 1 | 1.5 | 1.8 | 1.5 | 1.8 | 0 | 0.3 |
| | 木材 | 克 | 2.5 | 1.8 | 0.4 | 0.5 | 1 | 0.9 | −0.7 | −0.1 |
| | 漆 | 克 | 3 | 3 | 0.1 | 0.1 | 0.3 | 0.3 | 0 | 0 |
| | 合计 | | | | | | 2.8 | 3 | −0.7 | 0.2 |

续表

| 产品名称 | 原材料名称 | 计量单位 | 耗用量 | | 单价 | | 直接材料费用 | | 差异 | |
|---|---|---|---|---|---|---|---|---|---|---|
| | | | 计划 | 实际 | 计划 | 实际 | 计划 | 实际 | 数量 | 金额 |
| 2H | 铅条 | 根 | 1 | 1 | 2.5 | 2.8 | 2.5 | 2.8 | 0 | 0.3 |
| | 木材 | 克 | 2.5 | 1.6 | 0.4 | 0.5 | 1 | 0.8 | -0.9 | -0.2 |
| | 漆 | 克 | 3 | 3 | 0.1 | 0.2 | 0.3 | 0.6 | 0 | 0.3 |
| | 合计 | | | | | | 3.8 | 4.2 | -0.9 | 0.4 |
| 总计 | | | | | | | 6.6 | 7.2 | -1.6 | 0.6 |

采用差额计算法测定各因素影响情况如下：

HB 铅笔直接材料费用实际比计划增加了 0.2 元，其中：

第一，由于耗用量变动：

$$0 \times 1.5 - 0.7 \times 0.4 + 0 \times 0.1 = -0.28（元）$$

第二，由于价格变动：

$$(1.8-1.5) \times 1 + (0.5-0.4) \times 1.8 + (0.1-0.1) \times 3 = 0.48（元）$$

2H 铅笔直接材料费用实际比计划增加了 0.4 元，其中：

第一，由于耗用量变动：

$$0 \times 2.5 - 0.9 \times 0.4 + 0 \times 0.1 = -0.36（元）$$

第二，由于价格变动：

$$(2.8-2.5) \times 1 + (0.5-0.4) \times 1.6 + (0.2-0.1) \times 3 = 0.76（元）$$

说明该公司生产材料耗用控制严格，但是材料采购价格增高（见表 4-52）。

表 4-52 直接人工费用分析表

| 产品名称 | 项目 | 单位产品所耗工时 | 每小时工资/元 | 单位产品成本中的直接人工费用/元 |
|---|---|---|---|---|
| HB | 本年计划 | 0.4 | 5 | 2 |
| | 本年实际 | 0.5 | 4.8 | 2.4 |
| | 直接人工费用差异 | 0.1 | -0.2 | 0.4 |
| 2H | 本年计划 | 0.5 | 6.4 | 3.2 |
| | 本年实际 | 0.6 | 6 | 3.6 |
| | 直接人工费用差异 | 0.1 | -0.4 | 0.4 |

HB 产品单位成本中直接人工费用本月实际数比本年计划数增加 0.4 元，采用差额计算法分析各因素影响程度如下：

单位产品所耗工时变动影响 = $0.1 \times 5 = 0.5$（元）

每小时工资变动影响 = $-0.2 \times 0.5 = -0.1$（元）

单位产品所耗工时变动和每小时工资变动共同影响使得 HB 铅笔单位成本中直接费用本月实际数比本年计划数增加 0.4 元（0.5-0.1），其主要是由于每小时工资节约了 0.1 元，而工时消耗则是超支的。

同样地，对于 2H 铅笔，单位产品所耗工时变动影响 =0.1×6.4=0.64（元）。

单位成本中直接人工费用本月实际数比本年计划数增加 0.4 元，主要是每小时工资节约了 0.24 元，工时消耗也是超支的（见表 4-53）。工时消耗超支，可能是由于生产技术还比较落后或者工人劳动的熟练程度还不够很高，导致劳动生产率较低。

表 4-53 制造费用分析表

| 产品名称 | 项目 | 单位产品所耗工时 | 每小时制造费用 / 元 | 单位产品制造费用 / 元 |
| --- | --- | --- | --- | --- |
| HB | 本年计划 | 0.4 | 2.5 | 1 |
|  | 本年实际 | 0.5 | 2 | 1 |
|  | 差异 | 0.1 | −0.5 | 0 |
| 2H | 本年计划 | 0.5 | 6.4 | 3.2 |
|  | 本年实际 | 0.6 | 6 | 3.6 |
|  | 差异 | 0.1 | −0.4 | 0.4 |

从表 4-53 中数据得出，HB 铅笔产品成本中制造费用本年实际数与本年计划数无差异，采用差额计算法分析个因素影响程度如下：

单位产品所耗工时变动影响 =0.1×2.5=0.25（元）

每小时制造费用变动影响 = −0.5×0.5=−0.25（元）

对 2H 铅笔而言，单位产品所耗工时变动影响 =0.1×6.4=0.64（元）

每小时工资变动影响 = −0.4×0.6=−0.24（元）

两因素影响程度合计即为 2H 铅笔产品成本中制造费用本年实际数与本年计划数的差异数 0.4 元。说明两种产品制造费用所耗工时长，存在提升空间。

5. 产品的获利情况

通过 Excel 计算得出企业是盈利的，年毛利为 31 440 000 元；其中，HB 铅笔毛利为 13 440 000 元，2H 铅笔毛利为 18 000 000 元。相比而言，2H 铅笔对企业毛利贡献较大（见表 4-54）。

表 4-54 产品毛利分析表

单位：元

| 产品 | 单位成本 | 售价 | 销量 | 主营营业收入 | 主营营业成本 | 毛利 |
| --- | --- | --- | --- | --- | --- | --- |
| HB | 6.4 | 8 | 8 400 000 | 67 200 000 | 53 760 000 | 13 440 000 |
| 2H | 9.6 | 12 | 7 500 000 | 90 000 000 | 72 000 000 | 18 000 000 |
| 合计 |  |  |  | 157 200 000 | 125 760 000 | 31 440 000 |

再考虑期间费用，从企业利润总额分析，计算得出企业利润总额如下：

利润总额 =31 440 000−28 000−62 000=31 350 000（元）

不难看出，企业年利润为 3 150 000 元，而在企业生产经营中，分析成本费用与企业经济效益之间的关系对全面评价企业成本效益发挥着重要的作用。下面通过对产值成本率、主营业务成本费用率和成本费用利润率 3 个指标进一步分析。

1）产值成本率分析

产值成本率的计算公式为

$$产值成本率 = 全部商品产品生产成本 \div 商品产值 \times 100\%$$

在 Excel 中的计算结果如表 4-55 所示。

表 4-55　产值成本率分析表

| 产品 | 产量/万支 | | 单价/(元/支) | | 单位成本/(元/支) | | 产值/万元 | | 总成本/万元 | | 产值成本率 | |
|---|---|---|---|---|---|---|---|---|---|---|---|---|
| | 计划 | 实际 | 计划 | 实际 | 计划 | 实际 | 计划 | 实际 | 计划 | 实际 | 计划 | 实际 |
| HB | 850 | 840 | 7.8 | 8 | 5.8 | 6.4 | 6 630 | 6 720 | 4 930 | 5 376 | 74.36% | 80.00% |
| 2H | 700 | 750 | 12.2 | 12 | 8.5 | 9.6 | 8 540 | 9 000 | 5 950 | 7 200 | 69.67% | 80.00% |
| 合计 | | | | | | | 15 170 | 15 720 | 10 880 | 12 576 | 71.72% | 80.00% |

通过对表中数据比较，得出该公司计划年产值成本率为 71.72%，实际为 80.00%，未完成计划，差异为 8.28%，该企业产品劳动耗费的经济效益较低。

2）主营业务成本费用率

主营业务成本费用率考虑了期间费用对企业经济效益的影响，计算公式为

$$主营业务成本费用率 = (主营业务成本 + 期间费用) \div 主营业务收入 \times 100\%$$

由此计算该公司的主营业务成本费用率为 80.06%，反映该企业产品劳动耗费的经济效益较低，与通过产值成本率指标分析结果一致。

3）成本费用利润率

成本费用利润率可以综合反映企业成本效益优劣，计算公式为

$$成本费用利润率 = 利润总额 \div 成本费用总额 \times 100\%$$

计算得出该公司年成本利润率为 24.91%，企业经济效益一般。

通过 3 个指标的分析，得出该企业劳动耗费的经济效益一般，应通过提高劳动生产效率、控制材料采购价、产品品种构成等因素进行改善。

6. 成本控制建议

通过对该企业 HB、2H 铅笔的成本分析，对该企业以后的成本控制提出以下建议：

（1）对于 HB 铅笔、2H 铅笔，应尽量控制材料价格，可以通过在就近市场批量采购物美价廉的原材料。

（2）提高劳动生产效率，通过建立考勤制度、强化员工管理、增加员工内外部培训来控制人工费。

# 第5章

# Excel在成本会计实训中的高级应用

## 教学目标

本章主要介绍Excel在成本会计模拟实训中的高级应用,学生在掌握前述各章节内容的基础上,熟练运用Excel进行"规划求解""单变量求解""方案求解""数据透视表""分析工具库""工作表保护""查找、匹配函数""宏命令"等在成本核算和管理中的应用。通过模拟实训,以提高学生通过Excel进行成本核算和管理的实际技能。

## 教学要求

1. 了掌握利用"规划求解"分配辅助生产费用(代数分配法);
2. 掌握利用"单变量求解"进行本量利分析;
3. 掌握利用"方案求解"选择最优方案;
4. 掌握利用"数据透视表"进行材料消耗汇总;
5. 掌握利用"分析工具库"进行成本管理;
6. 掌握"工作表保护"功能;
7. 掌握"查找、匹配函数"功能;
8. 掌握"宏命令"在成本核算中的应用。

## 5.1 "规划求解"在代数分配法中的应用

### 5.1.1 采用代数分配法分配辅助生产费用的原理

辅助生产费用的代数分配法分配结果最为准确,最能体现受益原则,适用于所有企业辅助生产费用的分配。利用多元一次联立方程求解各辅助生产车间的单位成本(即分配率)。有两个辅助生产车间就需要建立两元一次联立方程,有3个辅助生产车间就需要建立三元一次联立方程等。

联立方程可根据下列公式设立:

该辅助生产车间直接发生的费用 + 该辅助生产车间耗用其他辅助生产车间产品或劳务的数量 × 其他辅助生产车间产品或劳务的单位成本 = 某辅助生产车间提供产品或劳务的数量 × 该产品或劳务的单位成本

利用代数分配法分配辅助生产费用的难点在于单位成本的计算比较复杂,特别是在辅助生产车间较多的情况下,甚至会陷入手工计算无法解决的困境。

### 5.1.2 利用"规划求解"分配辅助生产费用

利用 Excel 的"规划求解"功能,可以轻松得出方程组的解,再按得出的解和各受益单位的受益数量计算出其应负担的辅助生产费用,大大简化了代数分配法的分配过程。

【例5-1】某企业成本核算过程中,设有两个辅助生产车间——动力车间和供水车间,为本企业两个基本生产车间、行政管理部门等提供动力和供水。20××年1月末,根据"辅助生产成本"明细账的汇总资料,动力车间本月发生费用为38 194.4元,供水车间本月发生费用 7 079.2元。动力车间和供水车间所提供劳务情况如表5-1和表5-2所示。

**要求**:根据上述数据,对辅助生产费用采用代数分配法进行分配。

表5-1 劳务供应通知单

车间名称:动力车间　　　　　　　20××年1月

| 车间、部门 | 第一基本生产车间 | | 第二基本生产车间 | | 供水车间 | 行政管理部门 | 合计 |
|---|---|---|---|---|---|---|---|
| | 产品耗用 | 照明用电 | 产品耗用 | 照明用电 | | | |
| 受益数量/度 | 11 000 | 200 | 21 200 | 400 | 1 000 | 200 | 34 000 |

表5-2 劳务供应通知单

车间名称:供水车间　　　　　　　20××年1月

| 车间、部门 | 第一基本生产车间 | 第二基本生产车间 | 动力车间 | 行政管理部门 | 合计 |
|---|---|---|---|---|---|
| 受益数量/吨 | 400 | 540 | 100 | 60 | 1100 |

【分析】根据辅助生产车间的费用额和相互提供劳务的数量,确立联立方程。假定动力车间的单位成本为 $x$ 元/度,供水车间的单位成本为 $y$ 元/立方米,可设置联立方程如下:

$$\begin{cases} 38\ 194.4+100y=34\ 000x \\ 7\ 079.2+1\ 000x=1\ 100y \end{cases}$$

将上述联立方程的公式整理成 $x$ 减 $y$ 的格式：

$$\begin{cases} 34\ 000x-100y=38\ 194.4 \\ 1\ 000x-1\ 100y=-7\ 079.2 \end{cases}$$

利用 Excel 对该方程组进行规划求解。

（1）选定 Excel 的任意一张工作表，由于在本方程组中未知数有两个，所以预留两个可变单元格的位置 A1: A2。

（2）将活动单元格移至 B1 处，输入"=34 000*A1- 100* A2"（见图 5.1），然后按 Enter 键（此时 B1 显示 0），即在 B1 处输入方程组中第一个方程等号左边的表达式；在 B2 处输入"= 1 000* A1- 1 100* A2"（见图 5.2），然后按 Enter 键（此时 B2 显示 0），即在 B2 处输入方程组中第二个方程等号左边的表达式。

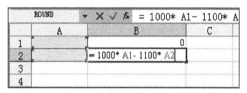

图 5.1　单元格公式输入（一）　　　图 5.2　单元格公式输入（二）

（3）执行"工具→规划求解"命令（如果找不到这条命令，只要执行"工具→加载宏"命令，弹出"加载宏"对话框，在"当前加载宏"一栏中勾选"规划求解"复选框，再单击"确定"按钮，系统即会自动安装这一项功能），弹出"规划求解参数"对话框，如图 5.3 所示。

图 5.3　"规划求解参数"对话框

对话框中第一栏为"设置目标单元格"，在相应的框中填入"B1"。对话框中第二栏为"等于"，后面有 3 个选项，依次为"最大值""最小值""值为"。根据题意，B1 表示方程组中第一个方程等号左边的表达式，它的值应为 38 194.4，因此单击"值为"前的圆圈，输入"38 194.4"。对话框中第三栏为"可变单元格"，我们预留的可变单元格为 A1:A2，所以在可变单元格框内键入"A1:A2"。对话框中最后一栏为"约束"，先单击"添加"按钮，弹出"添加约束"对话框。在"添加约束"对话框的单元格引用位置键入"B2"，在中间的下拉式菜单中选取"="，在约束值处输入"-7 079.2"，如图 5.4 所示。最后单击"确定"按钮，返回"规划求解参数"对话框。

第 5 章　Excel 在成本会计实训中的高级应用

图 5.4　"规划求解参数"对话框中输入公式

（4）单击"求解"按钮，弹出"求解结果"对话框。此时在 A1:A2 的位置依次为 1.145 355 495 978 55 和 7.476 868 632 707 77，即原方程组的解为：$x$=1.145 355 495 978 55；$y$=7.476 868 632 707 77，如图 5.5 所示。

|   | A | B | C |
|---|---|---|---|
| 1 | 1.14535549597855 | 38194.4 | |
| 2 | 7.47686863270777 | -7079.2 | |
| 3 | | | |
| 4 | | | |
| 5 | | | |

图 5.5　求解后数据显示

需要注意的是，如果企业的辅助生产车间多于两个，我们只需按辅助生产车间数预留数目相等的单元格，并在"添加约束"对话框中多添加几个约束条件即可，约束条件的数量为辅助生产车间数减 1。例如，如果企业有 4 个辅助生产车间，则我们预留的单元格为"A1：A4"，添加约束条件的数量为 3 个，分别对应方程组中后 3 个方程。

（5）根据解出的 $x$、$y$ 值，进行辅助生产费用的分配，结果如图 5.6 所示。

| A | B | C | D | E |
|---|---|---|---|---|
| 1.145355496 | 38194.4 | | | |
| 7.476868633 | -7079.2 | | | |
| | | | | |
| | | 动力车间 | 供水车间 | 小计 |
| 待分配费用 | | 38194.40 | 7079.20 | 45273.60 |
| 劳务供应量 | | 34000.00 | 1100.00 | |
| 分配率 | | 1.1453555 | 7.4768686 | |
| 动力车间 | 耗用量 | | 100.00 | |
| | 分配额 | | 747.69 | |
| 供水车间 | 耗用量 | 1000.00 | | |
| | 分配额 | 1145.36 | | 1145.36 |
| 第一基本生产车间 | 耗用量 | 11000.00 | | |
| 产品 | 分配额 | 12598.91 | | 12598.91 |
| 第二基本生产车间 | 耗用量 | 21200.00 | | |
| 产品 | 分配额 | 24281.54 | | 24281.54 |
| 第一基本生产车间 | 耗用量 | 200.00 | 400.00 | |
| | 分配额 | 229.07 | 2990.75 | 3219.82 |
| 第二基本生产车间 | 耗用量 | 400.00 | 540.00 | |
| | 分配额 | 458.14 | 4037.51 | 4495.65 |
| 管理部门 | 耗用量 | 200.00 | 60.00 | |
| | 分配额 | 229.07 | 448.61 | 677.68 |
| 分配金额合计 | | 38942.09 | 7476.87 | 46418.96 |

图 5.6　辅助生产费用代数分配法的结果

97

## 5.2 "单变量求解"在本量利分析中的应用

### 5.2.1 单变量求解的原理

单变量求解工具原理是根据结果倒推原因,即处理这样一类问题:假定一个公式要取得某一结果,变量的引用单元格应取值为多少。

在成本会计核算中,进行决策时往往需要由果到因进行考虑,因此单变量求解作为假设分析的工具,主要用于成本报表分析,通过建立一定的数据模型,变动某关键变量而得到相应的结果。下面主要通过本量利分析模型具体说明单变量求解工具在 Excel 中的使用。

### 5.2.2 利用单变量求解进行本量利分析

利用 Excel 的"单变量求解"功能,可以较为快速地协助相关管理者作出决策,计算结果相对准确。

【例 5-2】利用第 4 章 4.5 节中的成本报表编制与分析的数据。

【要求】使用 Excel 中的单变量求解工具对其进行本量利分析。

【分析】

(1) 本量利分析是成本、销量、利润分析的简称,三者间的依存关系为:利润总额 = 销售单价 × 销量 -(变动成本总额 + 固定成本总额),用 $p$ 表示销售单价,$x$ 表示销量,$a$ 表示固定成本,$b$ 表示单位变动成本,$\pi$ 表示利润总额,则上述公式可以写为

$$\pi = px - (bx+a)$$

由于该公司生产的高级铅笔不止一种,在此采用加权平均法建立本量利分析模型,如图 5.7 所示。

|   | A | B | C |
|---|---|---|---|
| 1 | 本量利分析模型 | | |
| 2 | 项目 | 数值 | |
| 3 | 产品 | HB | 2H |
| 4 | 单价p | 8.00 | 12.00 |
| 5 | 单位变动成本b | 5.37 | 9.60 |
| 6 | 销量x | 8,400,000.00 | 7,500,000.00 |
| 7 | 固定成本a | | 90,000.00 |
| 8 | 利润π | | 40,000,000.00 |
| 9 | 保本额 | 150,860.56 | 202,045.40 |
| 10 | 保本量 | 18,857.57 | 16,837.12 |
| 11 | | | |

图 5.7 本量利分析模型

(2) 假设企业要求实现的目标利润为 40 000 000 元,而其固定成本为 90 000 元,计算得出:

固定成本的敏感系数 = -90 000 ÷ 40 000 000 = -0.002 25

该结果表明,在其他条件不变的情况下,当固定成本提高 1% 时,会引起利润减少 0.002 25%,对利润的影响程度较弱。所以,在假定其他条件不变的情况下,如何减少产品单位变动成本、提高销售单价才能实现目标利润?在此以调整 HB 铅笔的单位变动成本、销售单价为例进行具体的单变量求解。

① 减少单位变动成本分析。

a. 选择目标单元格,即利润所在的单元格 B8。

b. 执行"工具→单变量求解"命令,弹出"单变量求解"对话框,在"目标值"中输入"40 000 000",即目标利润,在"可变单元格"中用鼠标单击HB铅笔的单位变动成本地址B5,出现图5.8。

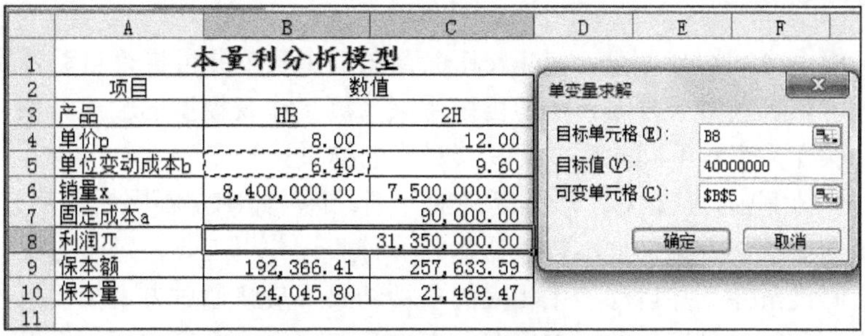

图 5.8 利用单变量求解单位变动成本(一)

c. 单击"确定"按钮进入单变量求解,弹出"单变量求解状态"对话框,如图 5.9 所示。

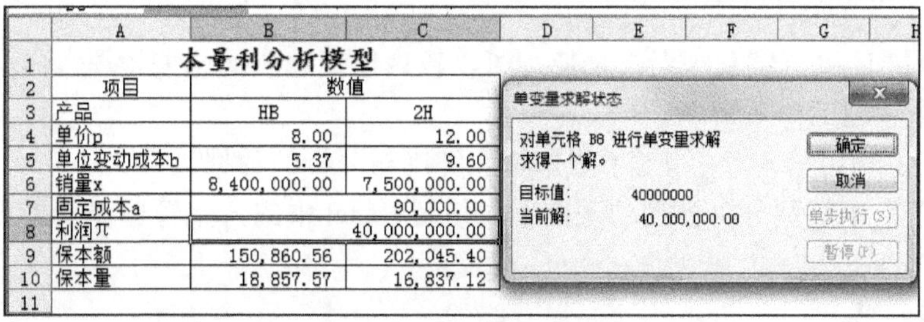

图 5.9 利用单变量求解单位变动成本(二)

d. 求解结束,"目标单元格"即利润所在的单元格 B8 的值为"40 000 000"时,"可变单元格"(即 HB 铅笔的单位变动成本所在单元格 B5)的值为 5.37,即利用单变量求解工具可以较为快捷地倒推出实现 40 000 000 元的目标利润,HB 铅笔的单位变动成本应降至 5.37 元。

②提高销售单价分析。

a. 选择目标单元格,即利润所在的单元格 B8。

b. 执行"工具→单变量求解"命令,弹出"单变量求解"对话框,在"目标值"中输入"40 000 000",即目标利润,在"可变单元格"中选择 HB 销售单价地址 B4。

c. 单击"确定"按钮进入单变量求解,最后自动求解结果如图 5.10 所示:要实现 40 000 000 元的目标利润,需将 HB 铅笔的销售单价提至 9.03 元。

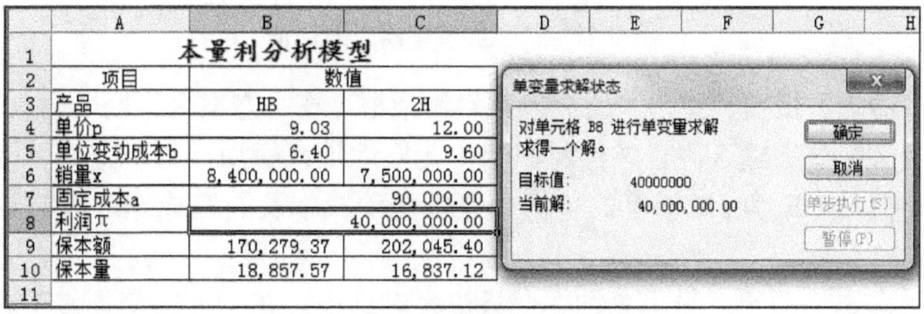

图 5.10 利用单变量求解销售单价

## 5.3 "方案求解"在最优方案选择中的应用

### 5.3.1 方案求解的原理

方案是一组命令的组成部分,是 Excel 保存在工作表中并可进行自动替换的一组值。方案管理器则可以管理多个方案,不但可以用来预测工作表模型的输出结果,还可以在工作表中创建、保存并查看不同的新方案及其对应的结果。

在成本会计核算中,企业对于较为复杂的计划,通常需制定不同的多个方案进行比较,最终进行决策选出最佳方案。方案管理器作为一种假设分析工具,每个方案允许财务管理人员建立一组假设条件,并自动产生相应的多种结果,最终通过方案摘要报告的形式可以直观地看到假设条件对目标值的影响情况。在实际工作中,方案求解多用于对多个方案中影响利润的变动因素进行分析决策。

### 5.3.2 利用方案求解选择最优方案

利用 Excel 的"方案管理器"功能,可以较为快捷地协助相关管理者作出决策,从而大大提高财务管理工作效率。

【例 5-3】利用第 4 章中 4.5 节成本报表编制与分析的数据。

【要求】在本量利分析模型的基础上,使用 Excel 中的方案管理器工具对其进行方案求解。

【分析】

(1)方案求解。执行"工具→方案"命令,弹出"方案管理器"对话框,如图 5.11 所示。

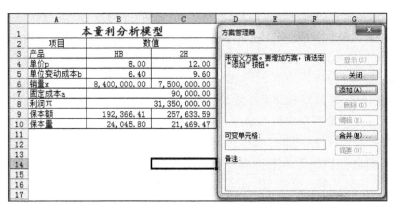

图 5.11 "方案管理器"对话框

①单击"添加"按钮,弹出"增加方案"对话框,在"方案名"框中输入方案的名称,在"可变单元格"框中输入假设条件所在的单元格地址或引用,每个方案可以设置多个假设条件,在此假设 HB 和 2H 铅笔的单价、单位变动成本及固定成本对应的数值为可变单元格,如图 5.12 所示。

②单击"确定"按钮,弹出"方案变量值"对话框,在"方案变量值"对话框中分别输入每个可变单元格的数值,如图 5.13 所示。

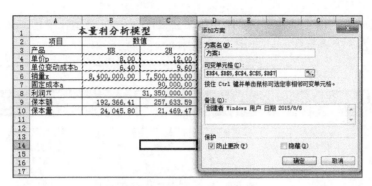

图 5.12　方案管理器——添加方案

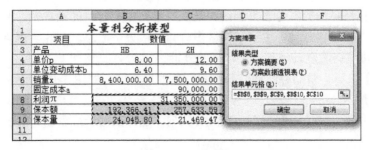

图 5.13　输入各方案变量值

同理，建立其余方案。

(2) 方案显示。在"方案管理器"对话框中，输入方案名字，单击"方案管理器"对话框中的"显示"按钮，则该方案的值会显示在工作表的可变单元格中，工作表会自动重新计算出相应的结果。

(3) 修改方案。在"方案管理器"对话框中，选定需要修改的方案，单击"编辑"按钮，弹出"编辑方案"对话框，即可依个人所需改变可变单元格的地址和数值。

(4) 删除方案。在"方案管理器"对话框中，选定需要删除的方案，单击"删除"按钮，即可对方案进行删除。

(5) 方案合并。在"方案管理器"对话框中，单击"合并"按钮，弹出"合并方案"对话框。在"工作簿"框中选定工作簿名字，同时在"工作表"框内选定还要合并的方案的工作表名字，单击"确定"按钮，即可进行方案合并。

(6) 方案摘要报告。在"方案管理器"对话框中，单击"摘要"按钮，弹出"方案摘要"对话框。在"结果单元格"框中输入结果单元格的地址或名字，如图 5.14 所示。

图 5.14　方案摘要

输入完成后,单击"确定"按钮,Excel会自动在新的工作表中建立方案摘要报告,且工作表名称为"方案摘要",如图5.15所示。

| | A | B | C | D | E | F | G |
|---|---|---|---|---|---|---|---|
| 1 | | | | | | | |
| 2 | | 方案摘要 | | | | | |
| 3 | | | | | 当前值: | 方案1 | 方案2 | 方案3 |
| 5 | | 可变单元格: | | | | | |
| 6 | | | | $B$4 | 8.00 | 8.50 | 9.00 | 7.50 |
| 7 | | | | $B$5 | 6.40 | 6.50 | 7.00 | 6.50 |
| 8 | | | | $C$4 | 12.00 | 12.00 | 12.00 | 12.50 |
| 9 | | | | $C$5 | 9.60 | 9.50 | 9.50 | 9.50 |
| 10 | | | | $B$7 | 90,000.00 | 100,000.00 | 100,000.00 | 90,000.00 |
| 11 | | 结果单元格: | | | | | |
| 12 | | | | $B$8 | 31,350,000.00 | 35,450,000.00 | 35,450,000.00 | 30,810,000.00 |
| 13 | | | | $B$9 | 192,366.41 | 200,843.88 | 212,658.23 | 183,495.15 |
| 14 | | | | $C$9 | 257,633.59 | 253,164.56 | 253,164.56 | 273,058.25 |
| 15 | | | | $B$10 | 24,045.80 | 23,628.69 | 23,628.69 | 24,466.02 |
| 16 | | | | $C$10 | 21,469.47 | 21,097.05 | 21,097.05 | 21,844.66 |
| 17 | | 注释:"当前值"这一列表示的是在 | | | | | | |
| 18 | | 建立方案汇总时,可变单元格的值。 | | | | | | |
| 19 | | 每组方案的可变单元格均以灰色底纹突出显示。 | | | | | | |

图5.15 方案摘要报告

## 5.4 "数据透视表"在材料消耗汇总中的应用

### 5.4.1 数据透视表的原理

数据透视表是一种对大量数据快速汇总和建立交叉列表的交互式表格,用于对已有数据清单、表和数据库中的数据进行汇总和分析。使用数据透视表,可以转换行和列以查看原数据的不同汇总结果,可以显示不同页面以筛选数据,还可以根据需要显示区域中的明细数据。

对于数据透视图报表,则只需创建一张图表,而用户可以通过使用鼠标以多种方式查看汇总情况。如果要比较相关的总计值,尤其是在要汇总较大的数字清单并对每个数字进行多种比较时,可以使用数据透视表报表。在要使用Excel进行排序、分类汇总和汇总时,就应该使用数据透视表报表来达到预期的目的。

### 5.4.2 数据透视表在材料消耗汇总中的应用

在成本核算中,往往需要对汇总后的各项成本数据作进一步分析,当数据较少时,我们可以直接根据材料消耗汇总表得到诸如某生产车间主要材料的消耗额、某种材料的总消耗额等数据,而当材料种类、生产车间较多时,直接分析汇总表就相当困难。这时,可以利用Excel创建数据透视表进行汇总数据的分析。

【例5-4】以第4章品种法的材料消耗汇总数据为例,如图5-17所示的材料消耗汇总表,进行成本数据分析。

【要求】利用品种法中的材料消耗汇总数据,进行数据透视表创建的演示。

【分析】

(1)执行"数据→数据透视表和数据透视图"命令,弹出"数据透视表和数据透视图向导—3 步骤之 1"对话框(见图 5.18);单击"下一步"按钮,弹出"数据透视表和数据透视图向导—3 步骤之 2"对话框,选中需要分析的数据;单击"下一步"按钮,弹出"数据透视表和数据透视图向导—3 步骤之 3"对话框(见图 5.19),根据需要选择放置数据透视表的位置,这里选择"新建工作表",单击"完成"按钮。

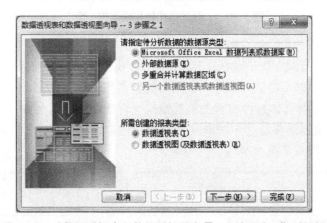

图 5.17 成本数据

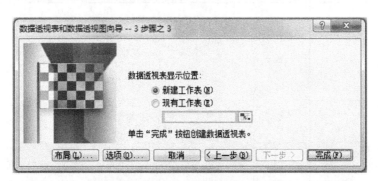

图 5.18 "数据透视表和数据透视图向导—3 步骤之 1"对话框

图 5.19 "数据透视表和数据透视图向导—3 步骤之 3"对话框

(2)在新工作表中弹出"数据透视表"窗口和"数据透视表字段列表"窗口(见图 5.20),将"数据透视表字段列表"窗口中的"材料类别"用鼠标左键按住不放拖至"页字段",相同地,将"生产车间"拖至"列字段""材料名称"拖至"行字段""消耗金额"拖至"数据项"。

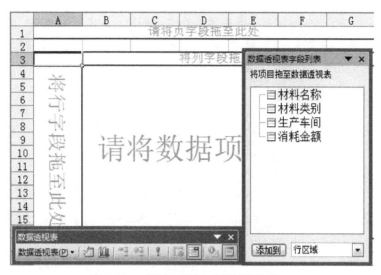

图 5.20 "数据透视表字段列表"窗口

（3）数据透视表创建完成（见图 5.21）。

（4）单击"材料类别"单元格中的下拉按钮，弹出全部材料类别的对话框（见图 5.22），单击"主要材料"，即可得到各个车间的主要材料消耗汇总表。

（5）如果需要了解具体某种材料的消耗情况，可单击"材料名称"单元格中的下拉按钮（见图 5.23），根据需要勾选一种或几种材料，这里选择"打包带"和"刀具"，得到各个车间的消耗情况（见图 5.24）。

| | A | B | C | D | E | F | G | H |
|---|---|---|---|---|---|---|---|---|
| 1 | 材料类别 | (全部) | | | | | | |
| 2 | | | | | | | | |
| 3 | 求和项:消耗金额 | 生产车间 | | | | | | |
| 4 | 材料名称 | 供电车间 | 供水车间 | 夹板车间 | 转轮车间 | 转轴车间 | 装配车间 | 总计 |
| 5 | 打包带 | 0 | 0 | 0 | 0 | 0 | 1500 | 1500 |
| 6 | 刀具 | 0 | 0 | 1000 | 1250 | 1250 | 0 | 3500 |
| 7 | 低值品 | 200 | 200 | 0 | 0 | 0 | 0 | 400 |
| 8 | 钢板 | 0 | 0 | 0 | 200000 | 160000 | 0 | 360000 |
| 9 | 硅游丝 | 0 | 0 | 0 | 17500 | 17500 | 0 | 35000 |
| 10 | 黄铜板 | 0 | 0 | 270000 | 270000 | 225000 | 0 | 765000 |
| 11 | 机油 | 80 | 160 | 0 | 0 | 0 | 0 | 240 |
| 12 | 胶带 | 0 | 0 | 0 | 0 | 0 | 100 | 100 |
| 13 | 煤 | 15000 | 0 | 0 | 0 | 0 | 0 | 15000 |
| 14 | 切割液 | 0 | 0 | 150 | 150 | 200 | 0 | 500 |
| 15 | 清洗液 | 0 | 0 | 500 | 500 | 750 | 0 | 1750 |
| 16 | 润滑油 | 0 | 0 | 100 | 200 | 100 | 0 | 400 |
| 17 | 水管 | 0 | 800 | 0 | 0 | 0 | 0 | 800 |
| 18 | 铜棒 | 0 | 0 | 0 | 16000 | 112000 | 0 | 128000 |
| 19 | 外购件 | 0 | 0 | 0 | 0 | 0 | 1800000 | 1800000 |
| 20 | 纸盒 | 0 | 0 | 0 | 0 | 0 | 12200 | 12200 |
| 21 | 总计 | 15280 | 1160 | 271750 | 505600 | 516800 | 1813800 | 3124390 |

图 5.21 数据透视表的创建

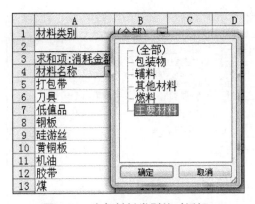

图 5.22　全部材料类别的对话框

图 5.23　某种材料的消耗情况选择

图 5.24　应用数据透视表后的数据

通过创建数据透视表，我们可以根据所需数据的详细程度对材料类别、行字段以及列字段的选项进行调整，从而直接得到相应的数据汇总表，这为成本数据分析提供了极大的便利。

## 5.5　"分析工具库"在成本管理中的应用

### 5.5.1　分析工具库基础

分析工具库实际上是一个外部宏模块，主要用于提供一些高级实用的统计函数。其主要提供了多种数据分析工具，用于反映数据分布状况，预测数据发展趋势。例如，通过分析工具库可以构造数据分布直方图，对数据进行随机抽样并获得样本的统计测度，可以对数据进行回归分析和方差分析等，必要时可对数据进行傅里叶变换，也可根据已有数据通过移动平均法或指数平滑法进行未来预测等。

在会计核算中，为了使企业能够稳定发展，在市场竞争中取得有利竞争地位，管理决策者通常需要对公司现有状况进行分析，并对未来作出预测，从而作出合理决策。

### 5.5.2　分析工具库的加载

新建一张 Excel 工作表，选择"工具"标签，查看选项中是否有"数据分析"，若没有，则按下列步骤进行加载。

首先，执行"工具→加载宏"命令，弹出"加载宏"对话框，勾选"分析工具库"和"分析工具库-VBA 函数"复选框，单击"确定"按钮，如图 5.25 所示，最后"数据分析"即可在"工具"下拉菜单中出现。

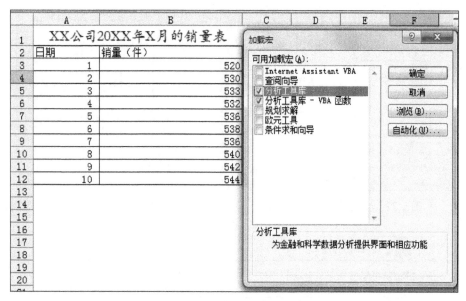

图 5.25  分析工具库的加载

### 5.5.3  分析工具库的模块分类

分析工具库内置 19 个模块，分为数据分析与数据预测两大类，具体分为 6 个小类，如表 5-3 所示。

表 5-3  分析工具库分类

| 分类 | | 模块 |
| --- | --- | --- |
| 数据分析 | 抽样设计 | 随机数发生器、抽样 |
| | 数据整理 | 直方图 |
| | 参数估计与假设检验 | 描述统计、排位与百分比排位、F 检验：双样本方差检验、t- 检验：双样本等方差假设、t- 检验：双样本异方差假设、t- 检验：平均值的成对而样本方差假设、z- 检验：双样本均值差检验 |
| | 方差分析 | 单因素方差分析、无重复双因素方差分析、可重复双因素方差分析 |
| | 相关与回归分析 | 相关系数、协方差、回归 |
| 数据预测 | 时间序列预测 | 移动平均、指数平滑、傅里叶分析 |

### 5.5.4  分析工具库的使用

在企业实际工作中，财务分析发挥着举足轻重的作用，是管理决策者编制计划的基础，是企业健康稳定发展的重要因素，在此以数据分析为例介绍分析工具的使用。

【例 5-5】根据图 5.25 中"××公司 20××年×月销售量表"进行统计分析。

【要求】利用 Excel 中的数据进行回归分析法。

## 【分析】

(1) 执行"工具→数据分析→回归"命令，弹出"回归"对话框，在"Y 值输入框"中输入"\$B\$3:\$B\$12"，在"X 值输入框"中输入"\$A\$3:\$A\$12"，在"输出选项"中选"输出区域"，并填"\$B\$13"，然后根据实际需要勾选其他的选项，如图 5.26 所示。

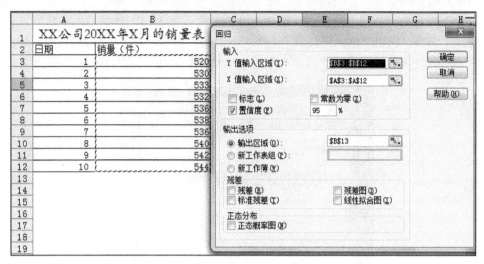

图 5.26　"回归"对话框

(2) 单击"确定"按钮，即可输出回归分析的摘要，如图 5.27 所示。

图 5.27　回归结果

## 5.6　"工作表保护"在成本核算中的应用

随着网络科技技术的发达，信息泄露现象愈显严重。在企业会计核算中，Excel 在给决策管理者提供便捷和实用的同时，也带来了电子资料不安全的风险。因此，掌握工作表的保护已是财务工作中必不可少的一项技能。

【例 5-6】根据第 4 章品种法中的材料消耗汇总表，进行工作表的保护。

【要求】利用品种法中材料消耗汇总工作表，对工作表进行保护和撤销工作表保护。

【分析】

（1）由于 Excel 中所有单元格默认为锁定属性，一旦将工作表进行保护，则不能在被锁定的单元格中进行任何修改，为此，先取消部分单元格的锁定属性。

右击工作表的行列交界处，即可选中所有单元格，在弹出的快捷菜单中执行"设置单元格格式"命令，弹出"单元格格式"对话框，选择"保护"标签（见图 5.28），勾选"锁定"和"隐藏"复选框后单击"确定"按钮，退出设置状态，返回工作表编辑界面。

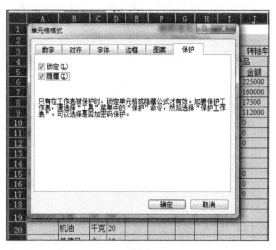

图 5.28　工作表的保护（一）

（2）选中不被保护的对象单元格区域（D6：D22），右击，在弹出的快捷菜单中执行"设置单元格格式"命令，弹出"单元格格式"对话框，选择"保护"标签，取消勾选"锁定"和"隐藏"复选框。

（3）执行"工具→保护→保护工作表"命令，输入两次密码，最后单击"确定"按钮即可，如图 5.29 所示。

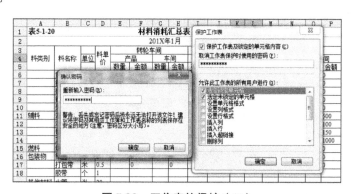

图 5.29　工作表的保护（二）

（4）检验保护效果。对进行保护的单元格进行修改会弹出如图 5.30 所示的拒绝提示框，因此仅能对没有进行保护的单元格进行修改和编辑，这样既不会影响工作表的正常使用，又有效地保护了工作表不被随意修改破坏。

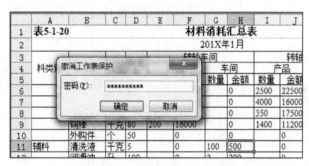

图 5.30　工作表的保护（三）

（5）撤销工作表的保护。当工作表已经被保护时，执行"工具→保护"命令，之前的"保护工作表"按钮已经自动变为"撤销工作表保护"按钮，单击该按钮，再输入之前保护工作表时的密码即可撤销保护工作表，如图 5.31 所示。

图 5.31　撤销工作表的保护

## 5.7　"查找、匹配函数"在成本核算中的应用

随着"互联网＋"时代的到来，企业不得不充分利用大数据技术挖掘用户习惯和分析信息。面对数据量越大，数据分析就越复杂的现实，决策者可以通过灵活运用查找匹配函数在短时间内快速准确地获得所需数据。

### 5.7.1　VLOOKUP 函数

VLOOKUP 函数是财务核算中最常用的查找函数之一，其根据表格或数组的首列来查找指定的数据，并由此返回表格或数组当前行中指定列处的数据。语法格式如下：

=VLOOKUP（查找目标，查找区域，相对列数，TRUE 或 FALSE）

【例 5-7】利用 Excel 中××电器公司产品日销售表数据，见图 5.32。具体介绍 VLOOKUP 函数在财务核算中的应用。

【要求】借助 VLOOKUP 函数进行成本核算。

【分析】

从产品日销售表中要快速获得柜式空调的毛利率，需在 D13 单元格中键入函数 =VLOOKUP（B13,A3:E11,5），回车即可快速得到柜式空调的毛利率。

如果对函数不是很熟悉，首先将鼠标光标移至 D13 单元格，执行"插入→函数"命令，弹出"插入函数"对话框，然后选择函数"VLOOKUP"，单击"确定"按钮，弹出"函数参数"对话框，如图 5.32 所示填入相关参数，单击"确定"按钮即可返回柜式空调的毛利率。

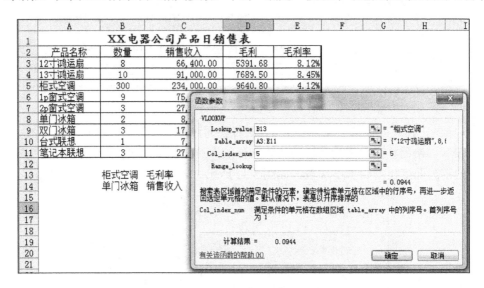

图 5.32 VLOOKUP 函数的应用

当最后一个参数省略时为 TRUE，为 FALSE 时为模糊查询，即找不到精确匹配值时，返回小于 lookup_value 的最大数值。当使用模糊查询时，查找区域中第一列必须按升序排序，否则无法进行正确匹配。

### 5.7.2 DGET 函数

DGET 函数用于从数据清单或数据库中提取符合给定条件且唯一存在的值。语法格式如下：

=DGET（列表区域,目标数据所在列,条件区域）

【例 5-8】利用 Excel 中 ×× 电器公司产品日销售表数据，具体介绍 DGET 函数在财务核算中的应用。

【要求】从表中快速获得双门冰箱的数量。

【分析】在 D15 单元格中键入公式 =DGET（A2:E11,2,C14:C15），回车即可快速得到双门冰箱的数量。

如果对 DGET 函数的各个参数填列不是很熟悉，首先将鼠标指针移至 D15 单元格，执行"插入→函数"命令，弹出"插入函数"对话框，然后选择函数"DGET"，单击"确定"按钮，弹出"函数参数"对话框，如图 5.33 所示填入相关参数，单击"确定"按钮即可返回双门冰箱的数量。

# 第 5 章 Excel 在成本会计实训中的高级应用

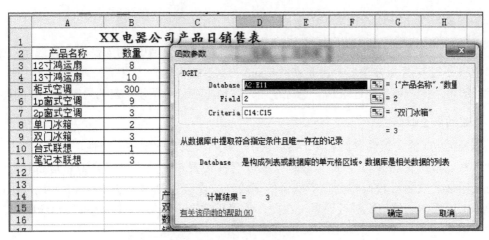

图 5.33 DGET 函数的应用

### 5.7.3 MATCH 函数

MATCH 函数返回的是指定数值或内容在指定数组或区域中的位置。语法格式如下：

=MATCH（指定查找值，被查找区域，查找方式）

【例 5-9】以××电器公司产品日销售表数据为例，具体介绍 MATCH 函数的查找作用。

【要求】从表中快速获得"台式联想"的位置。

【分析】在 D14 单元格中输入公式 =MATCH(D13,A1:A10)，回车即可快速得到台式联想的位置，即"台式联想"单元格处于第 1 列第 9 行。

由此看出，VLOOKUP 函数、DGET 函数与 MATCH 函数均有查找匹配功能，使用起来易混淆。第一，LOOKUP 函数和 DGET 函数用于在指定区域内查询指定内容多对应的匹配区域内单元格的内容，而 MATCH 函数用于在指定区域内按指定方式查询与指定内容所匹配的单元格位置；第二，VLOOKUP 函数适用于在表格或数值数组的首列查找指定的数值，DGET 函数则不一定；第三，使用 DGET 函数查找的结果具有唯一性。

## 5.8 "宏命令"在成本核算中的应用

### 5.8.1 "宏"命令

Excel 带有功能强、易使用的宏语言 Visual Basic Applications（简称 VBA）。使用 VBA 编写应用程序，可以进行管理分析。宏语言和其他高级语言（如 Basic Foxpro 等）有相似之处，提供了大量的函数和语句。但是 VBA 是通过使用 Excel 中的对象对 Excel 进行控制的。

企业的各项成本费用每月都需要进行归集与分配，通常情况下，其方法是不变的，即除了每个月的费用金额不同，成本费用的归集与分配便是进行一系列重复的计算，当成本核算项目较多时，工作量会非常大。而 Excel 中的"宏"命令正是一种用来进行数据的批量处理的工具，可以在成本核算时简化计算过程，减少工作量。

### 5.8.2 "宏"命令在成本核算中的应用

在编辑宏命令之前需要进行宏的安全性设置，确保我们编辑的宏命令可以应用。宏命令的编辑一般有两种方法。一种是在"Visual Basic 编辑器"中直接输入宏命令代码，然后运行即可；另一种是通过录制宏进行使用，这种方法分为两步，宏的录制以及宏的调用。

#### 1. 宏的安全性设置

Excel 2003 的宏组件在"工具"菜单栏中，执行"工具→宏→安全性"命令，弹出"安全性"对话框（见图 5.34），即可进行宏的安全性设置。宏的安全级分为非常高、高、中以及低四级，安全级较低时会有中病毒的风险，安全级较高时无法运行 VBA 代码，在实际操作中可根据具体情况进行设置，在此，为确保宏命令能够应用，选择安全级中级。

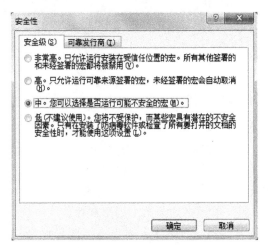

图 5.34 "安全性"对话框

#### 2. 编辑宏命令

1) 直接编辑

执行"工具→宏→Visual Basic 编辑器"命令（见图 5.35）。

图 5.35 执行"宏"命令

## 第 5 章　Excel 在成本会计实训中的高级应用

再执行"插入→模块"命令，便可进行代码输入（见图 5.36），代码输入完毕后执行"运行→运行子过程/用户窗体"命令，编辑的宏命令开始执行。

图 5.36　模块对话框

2）录制宏

录制宏其实就是利用宏将用户的操作记录下来，再次使用时便直接调用之前录制的宏。为了保证录制的宏的正确性，一般建议在录制之前将需要录制的宏操作一遍。

（1）宏的录制。执行"工具→宏→录制新宏"命令，弹出"录制新宏"对话框（见图 5.37），用户可根据需要设置宏名和快捷键以便日后使用。设置好之后单击"确定"按钮，然后将需要录制的宏从头到尾操作一次。操作完毕后，执行"工具→宏→停止录制"命令，宏录制完成。

图 5.37　"录制新宏"对话框

（2）宏的调用。执行"工具→宏"命令，弹出"宏"对话框，选择已录制好的宏"Macro1"，单击"执行"按钮（见图 5.38），或者也可以选中要处理的数据，使用设置好的快捷键调用宏。

图 5.38　"宏"对话框

成本核算中，有些核算方法比较复杂，如计算产品成本的综合结转法，归集分配好各项费用之后还需要进行成本还原。此外，在实务中，还需要进行期初、期末数据的转换，核算工作量大而且耗时，这时便可以执行"宏"命令，编辑相应的"宏"命令代码，或是录制"宏"，简化核算工作，提高工作效率。

# 第 6 章 成本会计实训报告

### 教学目标

本章主要介绍成本会计实训报告的撰写,学生在完成前述各章节学习的基础上,对成本会计实训全过程进行总结归纳,以加深对整个实训过程的印象,总结实训过程中发现的问题,为今后实际成本会计工作奠定基础。

### 教学要求

1. 重新认识成本会计实训的目的和实训的主要内容;
2. 归纳实训过程中发现的问题。

## 6.1 实训报告概述

### 6.1.1 撰写实训报告的意义

实训报告是在完成实训之后将实验过程、内容、心得、经验以及改进下次实训建议向有关方面反映的书面文件。

撰写实训报告有以下意义：
(1) 总结心得体会、明确收获。
(2) 锻炼写报告体裁的文章。
(3) 为改进下次实训发表自己的看法。
(4) 便于有关方面掌握学生实训的情况。
(5) 为撰写实习报告、毕业论文奠定基础。

### 6.1.2 实训报告的主要内容

实训报告的主要内容是与实训有关的心得体会，学生可从以下几个方面考虑：
(1) 对成本会计整体认识的体会。
(2) 对理论与实际相结合的体会。
(3) 对增强技能的体会。
(4) 对成为合格会计人才的体会。
(5) 经验：
①成本归集和分配时，成本计算表的设计、数据之间勾稽关系、分配率取整等方面有哪些经验？
②成本核算和分析时，有哪些利用 Excel 的实用技巧？
③其他方面的经验。
(6) 建议：
①对实验内容、时间安排方面的建议。
②对指导教师的建议。
③其他方面的建议。

## 6.2 成本会计实训报告撰写要求与格式

### 6.2.1 实训报告撰写要求

实训报告的撰写要求如下：
(1) Word 文档打印，A4 纸。
(2) 字数要求，2 000 字以上。
(3) 报告字体、标点符号、格式要规范。
(4) 根据实训内容，客观、真实地撰写实训报告，不得抄袭。

### 6.2.2 实训报告格式示例

# 成本会计实训报告

（××级会计××班，姓名）

**一、实训时间**

××××年××月××日—××××年××月××日，共××天。

**二、实训地点**

会计信息化实验室、财务智能化实验室。

**三、实训目的**

成本会计实训是配合《成本会计学》课程理论教学而进行的综合实训，通过该实训达到如下目的：

（1）能够理论联系实际，深化理解成本会计基本理论、知识与方法。

（2）通过对各项成本费用的归集、分配，计算产品成本，掌握成本核算的主要方法，增强实践技能和能力。

（3）能够熟练地利用Excel进行成本费用的分配；并利用Excel各项功能模块开展成本管理。

（4）能够细心缜密地进行繁杂的成本核算，具备成本会计工作者的基本业务素质。

（5）增强自我反思和知识延伸的能力，具有不断学习新知识、接受新事物的进取精神。

**四、实训项目**

本次成本会计实训旨在通过Excel工具，模拟企业成本核算的实际流程，掌握成本会计的基本理论与实践操作技能。因此，本次实训主要涉及以下项目：

1. 成本计算表格设计

在Excel中创建一个工作簿，根据数据类别设置不同的工作表，如"原材料成本分配"、"人工成本分配"、"制造费用分配"等。

2. 成本数据的录入与整理

在设计完成的Excel表格内，学习了如何在Excel中高效录入成本数据，包括原材料成本、人工成本、制造费用等各项成本项目。通过数据验证、条件格式等功能，确保数据的准确性和一致性。

3. 成本分配与计算

利用Excel公式和函数功能，完成材料成本分配、人工成本核算、制造费用分配、辅助生成费用分配；并计算单位产品成本、总成本等关键指标。在具体成本计算时，不仅进行单项技能训练，而且为全面掌握各类成本核算方法，根据企业类型和生产特点，分别开展了品种法、分批法、分步法（含逐步结转分步法和平行结转分步法）的实训项目。

4. 成本分析与管理

运用 Excel 数据分析工具，对成本数据进行分析，利用图表展示，直观地分析了成本构成比例、成本变化趋势等，生成成本分析报告，为企业提供决策支持。

## 五、实训步骤

1. 步骤一：准备阶段

(1) 理论学习。首先，复习成本会计的基础知识，包括成本要素、成本分类、成本核算方法等，确保对成本管理的理论框架有清晰的理解。

(2) 表格设计。创建 Excel 工作簿，根据成本核算的需要，设计多个 Excel 工作表，分别用于记录材料成本、人工成本、制造费用和产品成本。具体包括：①材料成本表：包括材料名称、采购数量、单价、采购金额、领用数量、领用金额等字段。②人工成本表：包括员工姓名、工时、工资率、应发工资、社保公积金等字段。③制造费用表：包括费用项目（如设备折旧、水电费、办公费等）、金额、分配基础等字段。④产品成本表：包括产品名称、材料成本、人工成本、制造费用、总成本、单位成本等字段。

2. 步骤二：数据录入与整理

(1) 数据录入：按照实训项目的成本数据，准确录入到相应的工作表中。具体包括：①材料成本录入：在"材料成本表"中，根据生产领用记录，录入材料领用数量和金额，计算材料库存余额；使用 Excel 公式自动计算材料领用金额（领用数量 × 单价）。②人工成本录入：在"人工成本表"中，录入员工姓名、工时、工资率等数据。③制造费用录入：在"制造费用表"中，录入各项制造费用的金额，如设备折旧、水电费、办公费等，确定制造费用的分配基础，如工时、机器小时等，使用 Excel 公式计算各项制造费用的分配率（费用总额 ÷ 分配标准总量）。

(2) 数据整理：使用 Excel 的排序、筛选、条件格式等功能，对数据进行初步整理，以便于后续的分析和计算。

3. 步骤三：成本核算

(1) 材料成本分配。根据产品生产领用的材料，将材料成本分配到各个产品中。在"产品成本表"中，引用"材料成本表"中的数据，计算每个产品的材料成本。

(2) 人工成本分配。根据员工工时记录，将人工成本分配到各个产品中。在"产品成本表"中，引用"人工成本表"中的数据，计算每个产品的人工成本。

(3) 制造费用分配。根据制造费用的分配基础，将制造费用分配到各个产品中。在"产品成本表"中，引用"制造费用表"中的数据，计算每个产品的制造费用。

(4) 辅助生成费用分配。选择交互分配方法、代数分配方法等，对各辅助生产车间的成本费用进行分配。

(5) 完工产品和在产品成本分配。根据产品生成特点和月末在产品情况，选择具体的分配方法，将生产费用在完工产品和在产品之间进行分配。

(6) 产品总成本与单位成本计算。根据成本要素，利用Excel的公式和函数，计算每个产品的总成本和单位成本。

4. 步骤四：成本分析与控制

(1) 成本结构分析。使用Excel的数据分析工具，如排序、筛选、分类汇总等，对成本数据进行分析；分析材料成本、人工成本、制造费用的占比情况，找出成本控制的关键点。

(2) 成本差异分析。对比实际成本与预算成本，利用Excel的数据透视表分析成本差异的原因，如原材料价格波动、生产效率变化等。

(3) 敏感性分析。通过调整成本构成中的关键变量，如原材料价格、人工费率等，利用Excel的模拟运算表进行敏感性分析，评估不同成本控制策略的效果。

(4) 成本趋势预测。基于历史数据，利用Excel的图表功能（如折线图、柱状图）展示成本变化趋势，预测未来成本可能的变动方向。

## 六、实训心得

(1) 技术能力的提升。通过本次实训，我深刻体会到了Excel在成本管理中的强大功能。从基础的数据录入到复杂的数据分析，Excel都能提供高效、准确的解决方案。我学会了更多实用的Excel技巧，如ROUND函数、VLOOKUP函数、规划求解、数据透视表应用等，这些技能无疑将大大提升我的工作效率。

(2) 理论与实践结合。实训过程中，我将成本会计的理论知识与Excel的实际操作紧密结合，不仅加深了对理论知识的理解，还学会了如何运用理论知识解决实际问题。这种理论与实践相结合的方式，让我对成本会计有了更全面的认识。

(3) 问题解决能力的增强。在实训中遇到的各种问题，如数据不匹配、公式错误等，都促使我不断思考、尝试，最终找到解决方案。这一过程极大地锻炼了我的问题解决能力，也让我学会了在面对复杂问题时如何保持冷静、有条理地进行分析和处理。

(4) 团队协作的重要性。虽然本次实训主要以个人操作为主，但在小组讨论和分享环节，我深刻感受到了团队协作的力量。同学们之间的交流与合作，不仅拓宽了我的思路，还让我学会了如何从他人的角度看待问题，这对于提升我的综合素质非常有帮助。

## 七、实训总结

通过本次利用Excel进行成本实训，我不仅掌握了Excel在成本管理中的应用技巧，更重要的是，我学会了如何将理论知识与实践相结合，提高了自己的实际操作能力和问题解决能力。在实训过程中，我遇到了数据录入错误、公式设置不当等问题，但通过不断尝试和寻求帮助，最终成功解决了这些问题，这一过程极大地提升了我的问题解决能力和团队协作能力。未来，我将继续深化对Excel的学习，探索更多高级功能，同时加强与其他财务知识的融合，努力成为一名既懂理论又擅实践的复合型会计人才。

备注：以上实训报告模板仅供参考，具体内容应根据个人实际实训经历和感受进行撰写。

# 附录 A

# 企业产品成本核算制度
# （试行）

## 第一章 总则

第一条 为了加强企业产品成本核算工作，保证产品成本信息真实、完整，促进企业和经济社会的可持续发展，根据《中华人民共和国会计法》、企业会计准则等国家有关规定制定本制度。

第二条 本制度适用于大中型企业，包括制造业、农业、批发零售业、建筑业、房地产业、采矿业、交通运输业、信息传输业、软件及信息技术服务业、文化业以及其他行业的企业。其他未明确规定的行业比照以上类似行业的规定执行。

本制度不适用于金融保险业的企业。

第三条 本制度所称的产品，是指企业日常生产经营活动中持有以备出售的产成品、商品、提供的劳务或服务。

本制度所称的产品成本，是指企业在生产产品过程中所发生的材料费用、职工薪酬等，以及不能直接计入而按一定标准分配计入的各种间接费用。

第四条 企业应当充分利用现代信息技术，编制、执行企业产品成本预算，对执行情况进行分析、考核，落实成本管理责任制，加强对产品生产事前、事中、事后的全过程控制，加强产品成本核算与管理各项基础工作。

第五条 企业应当根据所发生的有关费用能否归属于使产品达到目前场所和状态的原则，正确区分产品成本和期间费用。

第六条 企业应当根据产品生产过程的特点、生产经营组织的类型、产品种类的繁简和成本管理的要求,确定产品成本核算的对象、项目、范围,及时对有关费用进行归集、分配和结转。

企业产品成本核算采用的会计政策和估计一经确定,不得随意变更。

第七条 企业一般应当按月编制产品成本报表,全面反映企业生产成本、成本计划执行情况、产品成本及其变动情况等。

## 第二章 产品成本核算对象

第八条 企业应当根据生产经营特点和管理要求,确定成本核算对象,归集成本费用,计算产品的生产成本。

第九条 制造企业一般按照产品品种、批次订单或生产步骤等确定产品成本核算对象。

(一)大量大批单步骤生产产品或管理上不要求提供有关生产步骤成本信息的,一般按照产品品种确定成本核算对象。

(二)小批单件生产产品的,一般按照每批或每件产品确定成本核算对象。

(三)多步骤连续加工产品且管理上要求提供有关生产步骤成本信息的,一般按照每种(批)产品及各生产步骤确定成本核算对象。

产品规格繁多的,可以将产品结构、耗用原材料和工艺过程基本相同的产品,适当合并作为成本核算对象。

第十条 农业企业一般按照生物资产的品种、成长期、批别(群别、批次)、与农业生产相关的劳务作业等确定成本核算对象。

第十一条 批发零售企业一般按照商品的品种、批次、订单、类别等确定成本核算对象。

第十二条 建筑企业一般按照订立的单项合同确定成本核算对象。单项合同包括建造多项资产的,企业应当按照企业会计准则规定的合同分立原则,确定建造合同的成本核算对象。为建造一项或数项资产而签订一组合同的,按合同合并的原则,确定建造合同的成本核算对象。

第十三条 房地产企业一般按照开发项目、综合开发期数并兼顾产品类型等确定成本核算对象。

第十四条 采矿企业一般按照所采掘的产品确定成本核算对象。

第十五条 交通运输企业以运输工具从事货物、旅客运输的,一般按照航线、航次、单船(机)、基层站段等确定成本核算对象;从事货物等装卸业务的,可以按照货物、成本责任部门、作业场所等确定成本核算对象;从事仓储、堆存、港务管理业务的,一般按照码头、仓库、堆场、油罐、筒仓、货棚或主要货物的种类、成本责任部门等确定成本核算对象。

第十六条 信息传输企业一般按照基础电信业务、电信增值业务和其他信息传输业务等确定成本核算对象。

第十七条 软件及信息技术服务企业的科研设计与软件开发等人工成本比重较高的,一般按照科研课题、承接的单项合同项目、开发项目、技术服务客户等确定成本核算对象。

合同项目规模较大、开发期较长的，可以分段确定成本核算对象。

第十八条　文化企业一般按照制作产品的种类、批次、印次、刊次等确定成本核算对象。

第十九条　除本制度已明确规定的以外，其他行业企业应当比照以上类似行业的企业确定产品成本核算对象。

第二十条　企业应当按照第八条至第十九条规定确定产品成本核算对象，进行产品成本核算。企业内部管理有相关要求的，还可以按照现代企业多维度、多层次的管理需要，确定多元化的产品成本核算对象。

多维度，是指以产品的最小生产步骤或作业为基础，按照企业有关部门的生产流程及其相应的成本管理要求，利用现代信息技术，组合出产品维度、工序维度、车间班组维度、生产设备维度、客户订单维度、变动成本维度和固定成本维度等不同的成本核算对象。

多层次，是指根据企业成本管理需要，划分为企业管理部门、工厂、车间和班组等成本管控层次。

## 第三章　产品成本核算项目和范围

第二十一条　企业应当根据生产经营特点和管理要求，按照成本的经济用途和生产要素内容相结合的原则或者成本性态等设置成本项目。

第二十二条　制造企业一般设置直接材料、燃料和动力、直接人工和制造费用等成本项目。

直接材料，是指构成产品实体的原材料以及有助于产品形成的主要材料和辅助材料。

燃料和动力，是指直接用于产品生产的燃料和动力。

直接人工，是指直接从事产品生产的工人的职工薪酬。

制造费用，是指企业为生产产品和提供劳务而发生的各项间接费用，包括企业生产部门（如生产车间）发生的水电费、固定资产折旧、无形资产摊销、管理人员的职工薪酬、劳动保护费、国家规定的有关环保费用、季节性和修理期间的停工损失等。

第二十三条　农业企业一般设置直接材料、直接人工、机械作业费、其他直接费用、间接费用等成本项目。

直接材料，是指种植业生产中耗用的自产或外购的种子、种苗、饲料、肥料、农药、燃料和动力、修理用材料和零件、原材料以及其他材料等；养殖业生产中直接用于养殖生产的苗种、饲料、肥料、燃料、动力、畜禽医药费等。

直接人工，是指直接从事农业生产人员的职工薪酬。

机械作业费，是指种植业生产过程中农用机械进行耕耙、播种、施肥、除草、喷药、收割、脱粒等机械作业所发生的费用。

其他直接费用，是指除直接材料、直接人工和机械作业费以外的畜力作业费等直接费用。

间接费用，是指应摊销、分配计入成本核算对象的运输费、灌溉费、固定资产折旧、租赁费、保养费等费用。

附录 A　企业产品成本核算制度（试行）

第二十四条　批发零售企业一般设置进货成本、相关税费、采购费等成本项目。

进货成本，是指商品的采购价款。

相关税费，是指购买商品发生的进口关税、资源税和不能抵扣的增值税等。

采购费，是指运杂费、装卸费、保险费、仓储费、整理费、合理损耗以及其他可归属于商品采购成本的费用。采购费金额较小的，可以在发生时直接计入当期销售费用。

第二十五条　建筑企业一般设置直接人工、直接材料、机械使用费、其他直接费用和间接费用等成本项目。建筑企业将部分工程分包的，还可以设置分包成本项目。

直接人工，是指按照国家规定支付给施工过程中直接从事建筑安装工程施工的工人以及在施工现场直接为工程制作构件和运料、配料等工人的职工薪酬。

直接材料，是指在施工过程中所耗用的、构成工程实体的材料、结构件、机械配件和有助于工程形成的其他材料以及周转材料的租赁费和摊销等。

机械使用费，是指施工过程中使用自有施工机械所发生的机械使用费，使用外单位施工机械的租赁费，以及按照规定支付的施工机械进出场费等。

其他直接费用，是指施工过程中发生的材料搬运费、材料装卸保管费、燃料动力费、临时设施摊销、生产工具用具使用费、检验试验费、工程定位复测费、工程点交费、场地清理费，以及能够单独区分和可靠计量的为订立建造承包合同而发生的差旅费、投标费等费用。

间接费用，是指企业各施工单位为组织和管理工程施工所发生的费用。

分包成本，是指按照国家规定开展分包，支付给分包单位的工程价款。

第二十六条　房地产企业一般设置土地征用及拆迁补偿费、前期工程费、建筑安装工程费、基础设施建设费、公共配套设施费、开发间接费、借款费用等成本项目。

土地征用及拆迁补偿费，是指为取得土地开发使用权（或开发权）而发生的各项费用，包括土地买价或出让金、大市政配套费、契税、耕地占用税、土地使用费、土地闲置费、农作物补偿费、危房补偿费、土地变更用途和超面积补交的地价及相关税费、拆迁补偿费用、安置及动迁费用、回迁房建造费用等。

前期工程费，是指项目开发前期发生的政府许可规费、招标代理费、临时设施费以及水文地质勘察、测绘、规划、设计、可行性研究、咨询论证费、筹建、场地通平等前期费用。

建筑安装工程费，是指开发项目开发过程中发生的各项主体建筑的建筑工程费、安装工程费及精装修费等。

基础设施建设费，是指开发项目在开发过程中发生的道路、供水、供电、供气、供暖、排污、排洪、消防、通讯、照明、有线电视、宽带网络、智能化等社区管网工程费和环境卫生、园林绿化等园林、景观环境工程费用等。

公共配套设施费，是指开发项目内发生的、独立的、非营利性的且产权属于全体业主的，或无偿赠与地方政府、政府公共事业单位的公共配套设施费用等。

开发间接费，指企业为直接组织和管理开发项目所发生的，且不能将其直接归属于成本核算对象的工程监理费、造价审核费、结算审核费、工程保险费等。为业主代扣代缴的公共维修基金等不得计入产品成本。

借款费用，是指符合资本化条件的借款费用。

房地产企业自行进行基础设施、建筑安装等工程建设的，可以比照建筑企业设置有关成本项目。

第二十七条　采矿企业一般设置直接材料、燃料和动力、直接人工、间接费用等成本项目。

直接材料，是指采掘生产过程中直接耗用的添加剂、催化剂、引发剂、助剂、触媒以及净化材料、包装物等。

燃料和动力，是指采掘生产过程中直接耗用的各种固体、液体、气体燃料，以及水、电、汽、风、氮气、氧气等动力。

直接人工，是指直接从事采矿生产人员的职工薪酬。

间接费用，是指为组织和管理厂（矿）采掘生产所发生的职工薪酬、劳动保护费、固定资产折旧、无形资产摊销、保险费、办公费、环保费用、化（检）验计量费、设计制图费、停工损失、洗车费、转输费、科研试验费、信息系统维护费等。

第二十八条　交通运输企业一般设置营运费用、运输工具固定费用与非营运期间的费用等成本项目。

营运费用，是指企业在货物或旅客运输、装卸、堆存过程中发生的营运费用，包括货物费、港口费、起降及停机费、中转费、过桥过路费、燃料和动力、航次租船费、安全救生费、护航费、装卸整理费、堆存费等。铁路运输企业的营运费用还包括线路等相关设施的维护费等。

运输工具固定费用，是指运输工具的固定费用和共同费用等，包括检验检疫费、车船使用税、劳动保护费、固定资产折旧、租赁费、备件配件、保险费、驾驶及相关操作人员薪酬及其伙食费等。

非营运期间费用，是指受不可抗力制约或行业惯例等原因暂停营运期间发生的有关费用等。

第二十九条　信息传输企业一般设置直接人工、固定资产折旧、无形资产摊销、低值易耗品摊销、业务费、电路及网元租赁费等成本项目。

直接人工，是指直接从事信息传输服务的人员的职工薪酬。

业务费，是指支付通信生产的各种业务费用，包括频率占用费，卫星测控费，安全保卫费，码号资源费，设备耗用的外购电力费，自有电源设备耗用的燃料和润料费等。

电路及网元租赁费，是指支付给其他信息传输企业的电路及网元等传输系统及设备的租赁费等。

第三十条　软件及信息技术服务企业一般设置直接人工、外购软件与服务费、场地租赁费、固定资产折旧、无形资产摊销、差旅费、培训费、转包成本、水电费、办公费等成本项目。

直接人工，是指直接从事软件及信息技术服务的人员的职工薪酬。

外购软件与服务费，是指企业为开发特定项目而必须从外部购进的辅助软件或服务所发生的费用。

场地租赁费，是指企业为开发软件或提供信息技术服务租赁场地支付的费用等。

转包成本，是指企业将有关项目部分分包给其他单位支付的费用。

第三十一条　文化企业一般设置开发成本和制作成本等成本项目。

开发成本，是指从选题策划开始到正式生产制作所经历的一系列过程，包括信息收集、策划、市场调研、选题论证、立项等阶段所发生的信息搜集费、调研交通费、通信费、组稿费、专题会议费、参与开发的职工薪酬等。

制作成本，是指产品内容制作成本和物质形态的制作成本，包括稿费、审稿费、校对费、录入费、编辑加工费、直接材料费、印刷费、固定资产折旧、参与制作的职工薪酬等。电影企业的制作成本，是指企业在影片制片、译制、洗印等生产过程所发生的各项费用，包括剧本费、演职员的薪酬、胶片及磁片磁带费、化妆费、道具费、布景费、场租费、剪接费、洗印费等。

第三十二条　除本制度已明确规定的以外，其他行业企业应当比照以上类似行业的企业确定成本项目。

第三十三条　企业应当按照第二十一条至第三十二条规定确定产品成本核算项目，进行产品成本核算。企业内部管理有相关要求的，还可以按照现代企业多维度、多层次的成本管理要求，利用现代信息技术对有关成本项目进行组合，输出有关成本信息。

## 第四章　产品成本归集、分配和结转

第三十四条　企业所发生的费用，能确定由某一成本核算对象负担的，应当按照所对应的产品成本项目类别，直接计入产品成本核算对象的生产成本；由几个成本核算对象共同负担的，应当选择合理的分配标准分配计入。

企业应当根据生产经营特点，以正常生产能力水平为基础，按照资源耗费方式确定合理的分配标准。

企业应当按照权责发生制的原则，根据产品的生产特点和管理要求结转成本。

第三十五条　制造企业发生的直接材料和直接人工，能够直接计入成本核算对象的，应当直接计入成本核算对象的生产成本，否则应当按照合理的分配标准分配计入。

制造企业外购燃料和动力的，应当根据实际耗用数量或者合理的分配标准对燃料和动力费用进行归集分配。生产部门直接用于生产的燃料和动力，直接计入生产成本；生产部门间接用于生产（如照明、取暖）的燃料和动力，计入制造费用。制造企业内部自行提供燃料和动力的，参照本条第三款进行处理。

制造企业辅助生产部门为生产部门提供劳务和产品而发生的费用，应当参照生产成本项目归集，并按照合理的分配标准分配计入各成本核算对象的生产成本。辅助生产部门之间互相提供的劳务、作业成本，应当采用合理的方法，进行交互分配。互相提供劳务、作业不多的，可以不进行交互分配，直接分配给辅助生产部门以外的受益单位。

第三十六条　制造企业发生的制造费用，应当按照合理的分配标准按月分配计入各成本核算对象的生产成本。企业可以采取的分配标准包括机器工时、人工工时、计划分配率等。

季节性生产企业在停工期间发生的制造费用，应当在开工期间进行合理分摊，连同开工期间发生的制造费用，一并计入产品的生产成本。

制造企业可以根据自身经营管理特点和条件，利用现代信息技术，采用作业成本法对不能直接归属于成本核算对象的成本进行归集和分配。

第三十七条 制造企业应当根据生产经营特点和联产品、副产品的工艺要求，选择系数分配法、实物量分配法、相对销售价格分配法等合理的方法分配联合生产成本。

第三十八条 制造企业发出的材料成本，可以根据实物流转方式、管理要求、实物性质等实际情况，采用先进先出法、加权平均法、个别计价法等方法计算。

第三十九条 制造企业应当根据产品的生产特点和管理要求，按成本计算期结转成本。制造企业可以选择原材料消耗量、约当产量法、定额比例法、原材料扣除法、完工百分比法等方法，恰当地确定完工产品和在产品的实际成本，并将完工入库产品的产品成本结转至库存产品科目；在产品数量、金额不重要或在产品期初期末数量变动不大的，可以不计算在产品成本。

制造企业产成品和在产品的成本核算，除季节性生产企业等以外，应当以月为成本计算期。

第四十条 农业企业应当比照制造企业对产品成本进行归集、分配和结转。

第四十一条 批发零售企业发生的进货成本、相关税金直接计入成本核算对象成本；发生的采购费，可以结合经营管理特点，按照合理的方法分配计入成本核算对象成本。采购费金额较小的，可以在发生时直接计入当期销售费用。

批发零售企业可以根据实物流转方式、管理要求、实物性质等实际情况，采用先进先出法、加权平均法、个别计价法、毛利率法等方法结转产品成本。

第四十二条 建筑企业发生的有关费用，由某一成本核算对象负担的，应当直接计入成本核算对象成本；由几个成本核算对象共同负担的，应当选择直接费用比例、定额比例和职工薪酬比例等合理的分配标准，分配计入成本核算对象成本。

建筑企业应当按照《企业会计准则第 15 号——建造合同》的规定结转产品成本。合同结果能够可靠估计的，应当采用完工百分比法确定和结转当期提供服务的成本；合同结果不能可靠估计的，应当直接结转已经发生的成本。

第四十三条 房地产企业发生的有关费用，由某一成本核算对象负担的，应当直接计入成本核算对象成本；由几个成本核算对象共同负担的，应当选择占地面积比例、预算造价比例、建筑面积比例等合理的分配标准，分配计入成本核算对象成本。

第四十四条 采矿企业应当比照制造企业对产品成本进行归集、分配和结转。

第四十五条 交通运输企业发生的营运费用，应当按照成本核算对象归集。

交通运输企业发生的运输工具固定费用，能确定由某一成本核算对象负担的，应当直接计入成本核算对象的成本；由多个成本核算对象共同负担的，应当选择营运时间等符合经营特点的、科学合理的分配标准分配计入各成本核算对象的成本。

交通运输企业发生的非营运期间费用，比照制造业季节性生产企业处理。

第四十六条 信息传输、软件及信息技术服务等企业，可以根据经营特点和条件，利用现代信息技术，采用作业成本法等对产品成本进行归集和分配。

第四十七条 文化企业发生的有关成本项目费用，由某一成本核算对象负担的，应当直接计入成本核算对象成本；由几个成本核算对象共同负担的，应当选择人员比例、工时比例、材料耗用比例等合理的分配标准分配计入成本核算对象成本。

第四十八条 企业不得以计划成本、标准成本、定额成本等代替实际成本。企业采用计划成本、标准成本、定额成本等类似成本进行直接材料日常核算的，期末应当将耗用直接材料的计划成本或定额成本等类似成本调整为实际成本。

第四十九条 除本制度已明确规定的以外，其他行业企业应当比照以上类似行业的企业对产品成本进行归集、分配和结转。

第五十条 企业应当按照第三十四条至第四十九条规定对产品成本进行归集、分配和结转。企业内部管理有相关要求的，还可以利用现代信息技术，在确定多维度、多层次成本核算对象的基础上，对有关费用进行归集、分配和结转。

## 第五章 附则

第五十一条 小企业参照执行本制度。

第五十二条 本制度自 2014 年 1 月 1 日起施行。

第五十三条 执行本制度的企业不再执行《国营工业企业成本核算办法》。

# 附录 B

# 企业产品成本核算制度
## ——石油石化行业

## 第一章 总则

一、为了规范石油石化行业产品成本核算，保证石油石化企业产品成本信息真实、完整，提升企业之间成本信息的可比性，促进行业和企业可持续发展，根据《中华人民共和国会计法》、企业会计准则和《企业产品成本核算制度（试行）》等有关规定，制定本制度。

二、本制度适用于大中型石油石化企业，包括石油天然气生产企业和石油炼化生产企业。

其他石油石化企业参照本制度执行。

三、本制度所称的产品，是指石油石化企业在产品生产过程中形成的油气产品和炼化产品。

四、本制度所称的产品成本核算，包括油气产品成本核算和炼化产品成本核算。

五、油气产品成本一般采用作业成本法或按照重点成本类别进行核算。油气产品成本核算的基本步骤包括：

（一）确定油气产品为成本核算对象。

（二）根据实际管理需要，以行政组织架构、油藏经营管理单元或区块为基础设置成本中心。

（三）采用作业成本法核算的，根据油气产品生产过程划分作业类型，识别作业单元，并将各作业单元发生的成本费用要素归集到对应的作业过程，形成作业成本。

按照重点成本类别核算的，根据油气产品生产流程和费用性质划分重点成本类别，按照重点成本类别归集油气生产过程中发生的各项成本费用要素，形成按照重点类别归集的生产成本。

（四）采用作业成本法核算的，根据作业成本与成本核算对象（产品、区块，下同）之间的因果关系，将作业成本按受益原则直接计入或采用当量系数法分配计入成本核算对象。

按照重点成本类别核算的，根据重点类别归集的生产成本与成本核算对象的受益关系，将油气生产成本按照受益原则直接计入或采用当量系数法分配计入油气产品成本。

六、炼化产品成本核算的基本步骤包括：

（一）确定炼油产品或化工产品为成本核算对象，按照成本中心（车间或装置）归集基本生产成本、辅助生产成本。

（二）以产品产量、材料用量或固定资产原值等为基础，将制造费用合理地分摊计入基本生产成本和辅助生产成本。

（三）根据辅助生产部门提供劳务或动力的受益对象，将辅助生产成本采用交互分配等合理方法转入基本生产成本。

（四）将基本生产成本按照受益对象直接计入或采用系数法分配计入炼化产品成本。

七、石油石化行业产品成本核算会计科目设置和使用的基本原则包括：

（一）根据油气产品生产特点，通常设置"油气生产成本"等会计科目，按照成本费用要素进行明细核算。采用作业成本法归集和管理生产成本的，应分析成本动因，设置作业过程，反映油气产品生产成本。

（二）根据炼化产品生产特点，通常设置"基本生产成本""辅助生产成本"等会计科目，按照成本费用要素进行明细核算，反映炼化产品生产成本。

八、石油石化企业应当设置专门机构负责产品成本核算的组织和管理，制定统一的产品成本核算制度，确定产品成本核算流程和方法。

# 第二章 产品成本核算对象

## 第一节 油气产品成本核算对象

油气产品成本核算以油气产品为核算对象，通常包括原油、天然气、凝析油和液化气等油气产品。

一、原油，是指在采至地面后的正常压力和温度下，未经加工的、已脱气的呈液态或半固体状态的石油。

对于原油的产品成本核算，一般按照密度进行分类。原油按照密度可以划分为轻质原油、中质原油、重质原油（稠油）、超重原油（沥青）等；按照硫含量可以划分为微含硫原油、低硫原油、中含硫原油、高硫原油等；按照含蜡量可以划分为低蜡原油、含蜡原油、高蜡原油等。

二、天然气，是指以气态碳氢化合物为主的各种气体组成的混合物。天然气按其来源不同分为气层气、溶解气等常规天然气和煤层气、页岩气、致密气等非常规天然气。

三、其他主要油气产品，主要包括液化气和凝析油等。

液化气，主要成分是甲烷，含有少量的乙烷、丙烷、氮或天然气中常见的其他组分。

凝析油，是指在地层条件下的气态烃类物质，在采出到地面的过程中，随着温度和压力的降低，从气相中析出的由戊烷和以上重烃组分组成的液态混合物。

### 第二节 炼化产品成本核算对象

炼化产品成本核算以炼化产品为核算对象，通常包括石油燃料类产品、石油溶剂类产品、化工原料类产品等炼化产品。

一、石油燃料类产品，主要包括原油经常减压蒸馏在一定温度条件下切割，或二次加工调和取得的汽油、煤油、柴油、重油、液化石油气等产品。

二、石油溶剂类产品，主要包括以原油经蒸馏所得的直馏汽油馏分或以催化重整的抽余油为原料，经精制、分馏、切割出一定馏分取得的溶剂油、航空洗涤汽油等。

三、化工原料类产品，主要包括原油经初馏、常压蒸馏在一定温度条件下蒸出的轻馏分，或二次加工而得到的石脑油、轻烃、加氢尾油、直馏柴油等化工原料。

四、润滑油类产品，主要包括润滑油基础油以及加入适当添加剂调制的润滑油，按照其用途主要分为齿轮油、内燃机用油、气轮机用油、液压系统用油四大类。

五、石蜡类产品，主要包括半精炼石蜡、全精炼石蜡、粗石蜡、皂化蜡、食品用石蜡等。

六、石油焦类产品。

七、石油沥青类产品，主要包括以原油经蒸馏等不同工序生产的建筑石油沥青、道路石油沥青、重交道路石油沥青、电缆沥青、橡胶沥青、防腐沥青等。

八、有机化工原料类产品，主要包括以石脑油、加氢裂化尾油、炼厂轻烃、油田液化气、油田轻烃等为原料的乙烯、丙烯、混合碳四、裂解汽油、氢气等裂解产物及其后续加工生产的甲烷、碳四、乙炔、丁二烯、丁烯、裂解汽油、苯、甲苯、二甲苯、甲基叔丁基醚、丙酮、丁醇、辛醇、苯乙烯等液体化工产品。

九、合成树脂类产品，主要包括以乙烯、丙烯等为原料，在引发剂或催化剂的作用下，发生聚合反应而生成的高压低密度聚乙烯、低压高密度聚乙烯、线性低密度聚乙烯、聚丙烯、聚苯乙烯等高分子聚合物产品。

十、合成纤维原料类产品，主要包括以丙烯、液氨为原料生产的丙烯腈及以苯二甲酸二甲酯、乙二醇、精对苯二甲酸为原料生产的聚酯切片等产品。

十一、合成纤维类产品，主要包括通过对聚酯、丙烯腈、丙烯等合成纤维原料进行深加工，生产相应的高分子聚合物，经纺丝等后加工而制得的纤维，合成纤维根据其化学组成可分为涤纶、腈纶、丙纶、锦纶、氨纶等。

十二、合成橡胶类产品，主要包括以丁二烯、苯乙烯、丙烯腈等为原料，在引发剂所提供的自由基和乳化剂的作用下发生聚合反应生成的丁苯橡胶、顺丁橡胶、丁腈橡胶、乙丙橡胶等产品。

十三、化肥类产品，主要包括以天然气、石脑油、重油、煤、硝酸、硫酸等为原料生产的液氨、尿素、硫酸铵、硝酸铵等产品。

十四、动力类产品，主要包括为保证炼油化工生产需要，由辅助生产装置生产供基本生产装置（部门）消耗或对外销售的新鲜水、循环水、脱盐水、除氧水、软化水、冷凝水、电、蒸汽、氮气、氧气、风等产品。

十五、辅助劳务类产品，主要包括为保证炼油化工生产需要，由辅助生产装置（部门）为基本生产和辅助生产装置提供或对外提供的排污、化验、仓储、运输等辅助劳务。

# 第三章 产品成本核算项目和范围

## 第一节 油气产品成本核算要素

油气产品成本主要包括操作成本和折旧折耗及摊销等。操作成本也称作业成本，包括油气生产过程中发生的材料、燃料、动力、人工等各项费用支出。

一般采用作业成本法或按照重点成本类别归集油气产品成本费用要素，油气产品成本费用要素一般按照成本费用性质分类，主要包括：

一、材料费，是指为生产油气产品消耗的井站日常用料、油管、抽油杆、抽油泵、机泵配件及管阀、仪器仪表及各类化学药剂等各种材料的成本。

二、燃料费，是指为生产油气产品耗用的原油、汽油、柴油、天然气、液化气等各种固体、液体、气体燃料。

三、水费，是指为生产油气产品耗用水发生的费用。

四、电费，是指为生产油气产品耗用电发生的费用。

五、人工费，是指为生产油气产品向职工提供的各种形式的报酬及各项附加费用。主要包括职工工资及各项津贴、福利费、工会经费、职工教育经费、社会保险费、住房公积金、商业人身险、其他劳动保险及劳务费等。

六、折旧折耗及摊销，是指根据有关企业会计准则的规定，予以资本化的矿区权益成本、油气勘探成本、油气开发成本和弃置义务成本等分摊至油气产品成本的折耗及其他固定资产的折旧和长期资产的摊销。

七、运输费，是指为油气产品生产提供运输服务发生的费用。

八、维护及修理费，是指为了维持油气产品生产的正常运行，保证设施设备原有的生产能力，对设施设备进行维护、修理所发生的费用。主要包括井站设施维修、管网维修、设备维修、油气田道路养护、电力设施维护等。

九、外委业务费，是指在油气产品生产过程中，委托外部单位提供服务发生的费用。

十、财产保险费，是指为组织油气产品生产管理，承担的向社会保险机构或其他机构投保的各项财产所支付的保险费用等。

十一、办公费，是指为组织油气产品生产管理，发生的文具费、邮电费、通讯费、印刷费等办公性费用。

十二、差旅费，是指为组织油气产品生产管理，发生的职工因公外出交通费、住宿费、出差补助等费用。

十三、会议费，是指为组织油气产品生产管理，召开或参加会议发生的费用。

十四、低值易耗品摊销,是指为组织油气产品生产管理,耗用的不能作为固定资产的各种用具物品的摊销。

十五、图书资料费,是指为组织油气产品生产管理,购买技术图书、报纸杂志等资料所发生的费用。

十六、租赁费,是指为组织油气产品生产管理,租入的有形和无形资产,按照合同或协议的约定支付给出租方的租赁费用。

十七、取暖费,是指为组织油气产品生产管理,发生的取暖费用。

十八、物业管理费,是指为组织油气产品生产管理,支付的物业管理费用。已出售的住宅物业管理费,不得列支产品成本。

十九、技术服务费,是指在油气产品生产过程中,为取得外部单位技术服务发生的费用。

二十、机物料消耗,是指在油气产品生产过程中耗用的未作为原材料或低值易耗品管理使用的一般性材料支出。

二十一、试验检验费,是指在油气产品生产过程中,对材料、产品进行的分析、试验、化验、检验、容器检定等所发生的费用。

二十二、劳动保护费,是指在油气产品生产过程中,为职工提供的劳动保护、防护等发生的费用。

二十三、信息系统维护费,是指为组织油气产品生产管理,在计算机信息系统建设完成后所发生的运行维护费用。

不能列入以上各成本费用要素项目的,列入其他费用。

## 第二节 炼化产品成本核算项目和范围

炼化产品成本包括基本生产成本和辅助生产成本。其中,基本生产成本,是指直接将原料生产加工成炼化产品过程中发生的成本;辅助生产成本,是指为生产炼化产品提供动力产品和辅助劳务的生产装置(部门)发生的成本,也包括部分对外销售动力产品或提供劳务过程中发生的成本。基本生产成本和辅助生产成本下设置炼化产品成本项目,归集各成本费用要素。

一、炼化产品成本项目

炼化产品成本项目主要包括:

(一)原料及主要材料,是指经过加工构成炼化产品实体的各种原料及主要材料,主要包括原油、天然气、液化气、轻烃等。

(二)辅助材料,是指炼化产品生产过程中投入的有助于产品形成,但不构成产品实体的材料,主要包括各种催化剂、引发剂、助剂、化工添加剂、包装材料、生产过程中使用的净化材料等。

(三)燃料,是指炼化产品生产过程中直接耗用的各种固体、液体、气体燃料。主要包括天然气、干气、液化气、瓦斯、柴油、重油、煤等。

(四)动力,是指炼化产品生产耗用的各种水、电、汽、风、氮气等。

(五)直接人工,是指炼化产品生产企业直接从事产品(劳务)生产人员的各种形式的报酬及各项附加费用。主要包括职工工资及各项津贴、福利费、工会经费、职工教育经费、社会保险费、住房公积金、商业人身险、其他劳动保险及劳务费等。

（六）制造费用，是指生产炼化产品的基本生产车间（部门）和辅助生产车间（部门）为组织和管理生产所发生的各项间接费用。

二、炼化产品成本费用要素

炼化产品成本费用要素一般按照成本费用性质分类，主要包括：

（一）原料及主要材料费，指为生产炼化产品投入的原料及主要材料的成本。

（二）辅助材料费，指为生产炼化产品投入的辅助材料的成本。

（三）其他直接材料费，是指为生产炼化产品投入的不能列入上述（一）、（二）两个项目的其他直接材料的成本。

（四）燃料费，指为生产炼化产品耗用的燃料发生的费用。

（五）动力费，指为生产炼化产品直接耗用的各种水、电、汽、风、氮气等发生的费用。

（六）人工费，是指为生产炼化产品向职工提供的各种形式的报酬及各项附加费用。主要包括职工工资及各项津贴、福利费、工会经费、职工教育经费、社会保险费、住房公积金、商业人身险、其他劳动保险及劳务费等。

（七）折旧及摊销，是指对炼化产品生产过程中使用的生产装置、厂房、附属机器设备等计提的折旧，以及其他长期资产的摊销。

（八）运输费，是指为生产炼化产品提供运输服务发生的费用。

（九）水费，是指为生产炼化产品间接耗用水发生的费用。

（十）电费，是指为生产炼化产品间接耗用电发生的费用。

（十一）办公费，是指为组织炼化产品生产管理，发生的文具费、邮电费、通讯费、印刷费等办公性费用。

（十二）差旅费，是指为组织炼化产品生产管理，发生的职工因公外出住宿费、交通费、出差补助等费用。

（十三）会议费，是指为组织炼化产品生产管理，召开或参加会议发生的费用。

（十四）低值易耗品摊销，是指为组织炼化产品生产管理，耗用的不能作为固定资产的各种用具物品的摊销。

（十五）图书资料费，是指为组织炼化产品生产管理，购买技术图书、报纸杂志等资料所发生的费用。

（十六）租赁费，是指为组织炼化产品生产管理，租入的有形和无形资产，按照合同或协议的约定支付给出租方的租赁费用。

（十七）财产保险费，是指为组织炼化产品生产管理，承担的向社会保险机构或其他机构投保的各项财产所支付的保险费用等。

（十八）取暖费，是指为组织炼化产品生产管理，发生的取暖费用。

（十九）物业管理费，是指为组织炼化产品生产管理，支付的物业管理费用。已出售的住宅物业管理费，不得列支产品成本。

（二十）机物料消耗，是指在炼化产品生产过程中耗用的未作为原材料或低值易耗品管理使用的一般性材料支出。

（二十一）试验检验费，是指在炼化产品生产过程中，对材料、产品进行的分析、实验、化验、检验、压力容器检定等所发生的费用。

（二十二）劳动保护费，是指在炼化产品生产过程中，为职工提供的劳动保护、防护等发生的费用。

（二十三）排污费，是指为生产炼化产品负担的排污机构处理废气、废水、废渣等所发生的费用。

（二十四）合同能源管理费，是指为开展炼化产品合同能源管理发生的节能支出及其他有关费用。

（二十五）信息系统维护费，是指为组织炼化产品生产管理，在计算机信息系统建设完成后所发生的运行维护费用。

不能列入以上各成本费用要素项目的，列入其他费用。

# 第四章　产品成本归集、分配和结转

## 第一节　油气产品成本归集、分配和结转

　　油气产品生产企业一般按照成本中心并分成本要素，对油气产品成本进行归集，按照受益原则、采用当量系数法对油气产品成本进行分配、结转。采用作业成本法进行管理、或采用重点成本类别进行核算的油气产品生产企业，可分别增加作业过程维度或重点成本类别，对油气产品成本进行归集、分配和结转。

一、油气产品生产企业成本中心设置

油气产品生产企业可以按照实际管理需要设置成本中心，主要包括以下三种方式：

（一）按照行政组织架构设置成本中心

根据行政组织机构设置成本中心，可以将一个行政单位作为独立的成本中心，如：将厂、矿分别设置为独立的成本中心；也可以将几个较小的组织机构合并为一个成本中心或成本中心组，如：将矿以下的井组、站点等合并为一个成本中心或成本中心组。

（二）按照矿区设置成本中心

以油藏经营管理单元作为一个成本中心或成本中心组进行设置。设置级别原则上应与本企业储量评估、产量统计时的划分单元相对应。

（三）按照区块设置成本中心

区块成本中心作为矿区成本中心的补充细化，可以按照以下原则设置：

1. 一个油（气）藏为一个区块。
2. 若干相邻且地质构造或地层条件相同或相近的油（气）藏为一个区块。
3. 一个独立集输计量系统为一个区块。
4. 一个大的油（气）藏上面分成几个独立集输系统并分别计量的，可以分为几个区块。
5. 采用重大、新型采油技术并工业化推广的区域为一个区块。

二、油气产品成本归集、分配和结转的一般流程

（一）收集各区块原油、天然气、凝析油、液化气等各种产品的生产量、自用量、商品量、销售量、库存量等有关资料。

（二）对各成本中心发生的成本费用进行审核，正确划分油气生产成本和期间费用。

（三）将应当计入产品成本的油气生产成本，区分为直接成本和间接成本，按照受益原则进行分配：

1. 能分清受益对象的，直接计入相应的成本中心。

2. 不能分清受益对象的，按照产量、开井口数或人数等适当的标准进行分配后，计入相应的成本中心。

（四）将各成本中心归集的油气生产成本在原油、天然气、凝析油、液化气等产品间按照受益原则进行分配：

1. 能分清受益产品的，直接计入相应的产品。

2. 不能分清受益产品的，按照当量系数法在各产品间进行分配。即将不同产品的商品量全部折合为油气当量，按照各产品油气当量占总油气当量的比例分配油气生产成本，计入相应的产品。

确定油气当量系数时，通常按照热值将天然气的产量折算为原油产量。原油的吨桶换算系数通常按照密度确定。

（五）根据各产品商品量计算各产品的单位生产成本，并据此将产成品成本结转至"库存商品"科目。

三、作业成本法下油气成本的归集、分配及结转

作业成本法下，油气产品生产企业在按成本中心核算基础上，按照生产活动中发生的各项作业归集和计算作业成本，并根据作业成本与成本核算对象（产品、区块）之间的因果关系，将作业成本追溯到成本核算对象，完成成本计算过程。

（一）作业成本法归集、分配及结转步骤

1. 根据油气生产过程划分作业类型。

2. 识别作业单元。分析各作业设施、组织机构及业务类型与作业过程的关系，确定各作业过程对应的作业单元。

3. 将各作业单元发生的成本费用归集到对应的作业过程。

4. 将作业过程的成本直接归集或按照受益原则分配到对应的成本中心。

5. 将各作业过程归集的油气生产成本在原油、天然气、凝析油、液化气等产品间按照受益原则、采用当量系数法进行分配。

6. 根据各产品商品量计算各产品的单位生产成本，并据此将产成品成本结转至"库存商品"科目。

（二）作业过程分类及对应作业单元

油气产品生产企业作业过程通常划分如下：

1. 采出作业，是指直接生产单位通过各种生产方式将油气从井底提升到地面，并到达联合站（集气站）的过程，主要包括采油采气单位的采油队、采油井区、采油站、采油井、集气站、配气站、采气井等作业单元。作业成本包括发生的原材料及主要材料、燃料、电费、人工费用、折旧折耗、运输费等。

2. 驱油物注入作业，是指为提高采收率，对地层进行注水（气）或者注入其他物质的过程，主要包括采油采气单位的注水队、注水站、注气站及其他相同类别的作业单元。作

业成本包括发生的原材料及主要材料、燃料、电费、人工费用、折旧折耗、运输费等。

3. 稠油热采作业，是指通过向地层注入蒸汽或其他热介质，以获取稠油、高凝油的生产过程中的造汽、注汽和保温过程，主要包括采油单位的热注大队及其他相同类别的作业单元。作业成本包括发生的原材料及主要材料、燃料、电费、人工费用、折旧折耗、运输费等。

4. 油气处理作业，是指通过一定工艺流程使油、气、水分离，并对油气进行提纯净化的过程，主要包括采油单位油气产品集输大队、联合站等油气处理类作业单元。作业成本包括发生的原材料及主要材料、燃料、电费、人工费用、折旧折耗、运输费等。

5. 轻烃回收作业，是指通过冷却、稳定、压缩等工艺方法从原油或天然气中回收凝析油和液化气的过程，主要包括采油采气单位的轻烃回收装置类作业单元。作业成本包括发生的原材料及主要材料、燃料、电费、人工费用、折旧折耗、运输费等。

6. 井下作业，是指为维护油、气、水井正常生产，改造油气层、提高油气产量而对油、气、水井进行修井的过程，主要包括采油采气单位的井下作业等作业单元。作业成本包括发生的各项材料费（油管、抽油杆、电泵、电缆等）、化学药剂费、作业施工单位的劳务费等。

井下作业分为措施作业和维护作业。措施作业，是指以实现增产增注或取得新的地质成果为目的的修井过程；维护作业，是指以维持油气水井正常生产为目的的修井过程。

7. 测井试井作业，是指在油气产品生产过程中取得油气田地下油气水分布动态及井况资料的过程，主要包括采油采气单位测试大队、技术检测中心等作业单元。作业成本包括发生的原材料及主要材料、燃料、电费、人工费用、折旧费、运输费等。

8. 天然气净化作业，是指利用天然气处理装置净化天然气的过程，主要包括采气单位净化厂的机关、净化车间、水热车间、环保车间、电仪车间、化验室等作业单元。作业成本包括发生的材料、燃料、电费、人工费用、折旧费等。

9. 厂矿管理作业，是指厂、矿两级机关组织和管理厂（矿）油气生产的过程，主要包括采油采气单位厂级机关、工艺所、地质所、作业区级机关及巡护队、集输大队机关及附属机构等作业单元。作业成本包括发生的材料、燃料、电费、人工费用、折旧费、青苗赔偿费、运输费等。

10. 其他辅助作业，是指各辅助生产单位为生产及管理提供产品或劳务的过程，主要包括采油采气单位所属的水电、运输、维修、海工、海港管理和车管等作业单元。作业成本包括发生的材料、燃料、电费、人工费用、折旧费等。

（三）其他辅助作业成本的分配和结转

按照以下原则对其他辅助作业成本进行分配后计入相应的成本中心和作业过程：

1. 水、电部门发生的费用，按照各受益对象接受的用电（水）量分别计入相应类型的成本中心和作业过程。

2. 运输部门、车管部门发生的费用，按照各受益对象接受的运输工作量（台班、车次等）分别计入相应类型的成本中心和作业过程。

3. 维修部门、准备部门发生的费用，按照各受益对象接受的维修工作量分别计入相应类型的成本中心和作业过程。

4. 海工部门发生的费用，按照各受益对象接受的服务工作量分别计入相应类型的成本中心和作业过程。

5. 海港管理部门发生的费用,按照各受益对象接受的工作量分别计入相应类型的成本中心和作业过程。

四、重点成本类别核算方法下的归集、分配和结转

(一)按照重点成本类别归集

按照重点成本类别归集成本的,是指按照油气田作业费用中的主要组成部分划分费用类型,并归集相应成本。油气产品成本按照重点成本类别的归集步骤主要包括:

1. 根据企业成本管理要求,设置重点成本类别。
2. 将油气生产作业中发生的各项费用,按照重点成本类别分类归集。

(二)按照重点成本类别分配和结转

油气产品成本按照重点成本类别进行分配和结转的步骤主要包括:

1. 将按重点成本类别归集的生产成本直接归集或按照受益原则分配到对应的成本中心。
2. 将各成本中心归集的油气生产成本在原油、天然气、凝析油、液化气等产品间按照受益原则、采用当量系数法进行分配。
3. 根据各产品商品量计算各产品的单位生产成本,并据此将产成品成本结转至"库存商品"科目。

## 第二节 炼化产品成本归集、分配和结转

一般按照成本中心、成本项目,对炼化产品成本进行归集、分配和结转。

一、炼化产品成本中心

炼化产品生产企业通常以装置设置成本中心或成本中心组,也可按车间(部门)等生产管理单元设置成本中心或成本中心组。

二、炼化产品成本归集

(一)原料及主要材料成本的归集

炼化生产使用的原料及主要材料按照实际成本进行核算,采用加权平均等方法结转原料成本。根据计划统计部门提供的资料,确认原油及外购原(料)油的进厂量、加工量,采用加权平均等方法核算本期加工的各类原(料)油成本。

(二)辅助材料成本的归集

炼化生产使用的辅助材料按照实际成本核算,按照装置实际消耗量计算辅助材料成本。对于一次填加,使用期限超过一年的催化剂等材料,按照使用周期逐月平均摊销或按照实际消耗计入辅助材料成本。对于一次装填,使用期限在一年以内的催化剂等材料,按照使用期限分月平均摊销或按照实际消耗计入辅助材料成本。对于金额较小或没有明确使用周期的,直接计入辅助材料成本。

(三)燃料成本的归集

炼化生产使用的外购燃料按照实际成本进行核算,本装置自产自用的燃料按照固定价格或其他合理方式进行核算,其他装置耗用的自用燃料按照实际成本核算,采用加权平均等方法进行结转。

### （四）动力成本的归集

炼化生产耗用的水、电、蒸汽、氮气、风等动力，根据统计部门提供的数据，确认消耗量，按照外购或自产动力的实际成本核算。辅助生产部门提供的自产动力，在辅助部门之间交互分配后，按照各动力产品的实际成本进行核算。动力产品，是指炼化产品生产企业辅助生产装置生产、加工（包括转供）的各种水、电、蒸汽、氮气、风等产品。

基本生产装置产生的动力，作为副产品核算，按照可变现净值、标准成本或固定价格从成本中扣除，但本装置产生的动力类副产品不得直接抵扣本装置的动力消耗。

### （五）直接人工成本的归集

属于生产车间直接从事产品生产人员的人工成本，直接计入基本（辅助）生产成本。

### （六）制造费用的归集

属于基本（辅助）生产部门为组织和管理生产而发生的各项间接费用，计入制造费用。

## 三、炼化产品成本分配和结转

### （一）制造费用的分配和结转

基本（辅助）生产部门发生的制造费用归集后，月末全部分配转入基本（辅助）生产成本。制造费用按照产品产量、直接材料比例、固定资产原值比例等方法进行合理分配。通常与资产有关的制造费用按照固定资产原值比例分配，与人员有关的制造费用按照人工成本比例分配，分配方法一经确定，不能随意变更。

### （二）辅助生产成本的分配和结转

辅助生产成本费用归集后，按照一定的分配标准将提供的劳务和产品分配到各受益对象。辅助劳务，是指炼化产品生产企业辅助生产装置（部门）为保证基本生产装置、辅助生产装置生产运行而提供的排污、化验、运输、仓储等劳务。

1.辅助生产部门对内，即对辅助生产部门提供的劳务和产品，按照实际成本或标准成本进行分配。

2.辅助生产部门对外，即对基本生产部门、生产管理部门和其他部门等提供的劳务和产品，按照辅助生产部门交互分配后的实际成本进行分配。

如果一个辅助生产部门只提供一种产品或劳务，对外分配率计算如下：

分配率＝（辅助生产部门归集的生产费用＋本部门耗用的其他辅助部门提供的产品或劳务费用－其他辅助部门耗用本部门提供的产品或劳务费用）÷（本部门提供的产品或劳务总量－其他辅助部门耗用的产品或劳务数量）

如果一个辅助生产部门提供两种以上产品或劳务，先按照一定的方法，如按照各产品或劳务的系数进行分配，计算出每种产品或劳务的单位成本，然后再分配到受益对象。

### （三）产成品的成本分配和结转

根据炼化生产装置连续生产、顺序加工的特点，产品成本计算一般采用"逐步结转分步法"，先计算上游装置产品成本，然后根据下游装置的消耗量按照实际成本逐步结转半成品、产成品成本。自制半成品按照实际成本或固定成本结转。炼油企业也可将整个炼厂作为一个整体，采用综合系数法核算产品成本。

产成品，是指炼化产品生产企业完成炼化生产过程、并已验收合格入库，可供出售的产品；在产品，是指炼化产品生产企业月末尚未完工或虽已完工但由于尚需检验等原因，不具备入库条件的产品；自制半成品，是指炼化产品生产企业在一个生产装置已经加工完毕，待转入下一生产装置继续加工或暂时入库的产品，包括可供出售的自制半成品。

基本生产成本费用归集后，根据计划统计部门提供的盘点资料，确认产成品和半成品的产量，计算商品产品总成本和各品种单位成本。

本期商品产品总成本 = 原料及主要材料成本 + 制造加工费 + 期初半成品成本 − 期末半成品成本 −（自用燃料油、燃料气、生产装置自产蒸汽 + 供其他专业系统自用产品 + 来料加工费用等）

确定各品种产品成本时，对于单一产品装置采用"品种法"，对联产品采用"系数法"。"系数法"计算方法如下：

$$某产品成本积数 = 某产品成本系数 \times 产品产量$$

$$某产品总成本 = 某产品成本积数 \div 全部产品成本积数和 \times 全部商品产品总成本$$

$$某产品单位成本 = 某产品总成本 \div 某产品产量$$

联产品系数的确定，一般以产品生产工艺流程、产品结构、产品收率和市场价值为基础，采用经济比值法、产品总成本法、产品比重法等确定。联产品系数的确定方法一经确定，不得随意改变。

期末，将产成品成本分品种结转至"库存商品"科目。

四、特殊项目成本的确认

（一）副产品成本

副产品是伴随主要产品的生产而产生的，一般价值低、数量少。可采用可变现净值、固定价格等方法确定成本，从主产品成本中扣除。基本生产装置产出的燃料及动力，按照副产品核算。

（二）停工损失

停工损失，是指炼化产品生产企业的生产车间在停工期间发生的各种费用支出。

季节性停工、修理期间的正常停工费用在炼化产品成本核算范围内，应当计入炼化产品成本；非正常停工费用应当计入企业当期损益。

（三）厂际（装置）互供

炼化产品生产企业内部各分厂及装置间产品互供，同一板块（同一业务范围）内部互供的，产品互供按照实际成本结转；跨板块（不同业务范围）产品互供的，根据管理需要，可视同内部销售，销售方按照实际成本结转产品成本确认主营业务成本，按照内部结算价格确认主营业务收入，购买方比照外购原料进行核算。内部结算价格原则上应当以市场价格为基础确定。

# 附件：石油石化行业产品生产流程

## 第一部分　油气产品生产流程

油气产品生产流程包括矿权取得、油气勘探、油气开发、油气生产和区块弃置的全过程。

一、矿权取得

为在一定矿权区域内进行勘探、开发工作，油气产品生产企业需要向国家矿产资源管理部门提交矿权申请，得到批复后取得矿权。

二、油气勘探

为识别勘探区域或探明油气储量，油气产品生产企业需要进行地质调查、地球物理勘探和钻探等油气勘探活动。

三、油气开发

为取得探明矿区中的油气，油气产品生产企业需要进行建造或更新井及相关设施等油气开发活动，油气开发主要包括开发前期评价、开发方案编制和产能建设三个阶段。

四、油气生产

为了取得原油、天然气等产品，油气产品生产企业需要进行将油气从油气藏提取到地表以及在矿区内收集、拉运、处理、现场储存和矿区管理等油气生产活动。油气生产主要包括采出系统、集输系统、注配系统和配套系统四个部分。

五、油气资产弃置

根据国家及油气田所在地有关环境法律法规要求或与利益相关方达成的协议，油气产品生产企业在矿区废弃时承担弃置义务。

## 第二部分　炼化产品生产流程

炼化产品生产流程包括炼油产品生产流程和化工产品生产流程。

一、炼油产品生产流程

炼油产品生产，是指将原油通过物理分离或化学转化的方法，生产出汽油、煤油、柴油、重油和润滑油等产品的过程。炼油产品生产主要包括一次加工、二次加工等过程。

（一）一次加工

一次加工主要包括原油预处理和常减压蒸馏过程。

原油预处理，是指将原油脱盐脱水的过程。

常减压蒸馏，是指利用预处理后的原油各组分沸点不同，通过蒸馏装置分离出一次加工产品的过程。一次加工产品主要包括石脑油、轻柴油、蜡油和渣油等。

（二）二次加工

二次加工主要包括催化裂化、催化重整、加氢裂化、延迟焦化、渣油加氢、润滑油和加氢精制等过程。

1. 催化裂化，是指在催化剂存在下进行裂化反应的过程。
2. 催化重整，是指在催化剂作用下对汽油分子结构进行重新排列获得芳烃组分的过程。
3. 加氢裂化，是指在高温高压下，临氢和催化剂条件下，使重质原料发生加氢、裂化和异构化反应，转化为轻质油的过程。
4. 延迟焦化，是指以渣油为原料，通过深度热裂化和缩合反应，将高残炭的渣油转化为轻质油，得到气体、汽油、柴油、轻蜡油和焦炭的过程。
5. 渣油加氢，是指重质渣油经过加氢处理后，脱除含硫、含氮化合物及金属杂质的过程。
6. 润滑油基础油生产，是指以减压塔二线、三线、四线馏分为原料，脱除渣油中的胶质和沥青质，并经过进一步精制形成润滑油基础油的过程。

二、化工产品生产流程

化工产品生产，是指利用石油中的烃类在高温下不稳定、易分解的特性，使烃类发生断链或聚合、脱氢或加氢、氧化或还原等系列反应，将碳、氢和其他元素分子重新组合生产产品的过程。化工产品生产主要包括原料处理、化学反应和产品精制等过程。

（一）原料处理，是指通过净化、提浓、混合、乳化或粉碎等方法进行预处理后，使原料符合进行化学反应所要求的状态和规格的过程。

（二）化学反应，是指经过预处理的原料，在一定的温度、压力等条件下进行反应，达到所要求的反应转化率和收率的过程。

（三）产品精制，是指将化学反应得到的产物进行分离精制，除去副产物或杂质，以获得符合要求的产品的过程。

# 附录 C

# 企业产品成本核算制度——钢铁行业

## 第一章 总 则

一、为了规范钢铁行业产品成本核算，促进钢铁企业加强成本管理，提高经济效益，根据《中华人民共和国会计法》、企业会计准则和《企业产品成本核算制度（试行）》等有关规定，制定本制度。

二、本制度适用于大中型钢铁企业，其他钢铁企业参照本制度执行。

本制度所称的钢铁企业，是指主要从事钢铁冶炼和压延加工的企业，一般包括炼焦、烧结和球团、炼铁、炼钢、轧钢等生产工序，或至少包括炼铁、炼钢和轧钢之一的部分工序。

三、本制度所称的产品，是指钢铁企业生产经营活动中形成的成品钢材，以及其他可作为产品对外出售的半成品。

四、钢铁产品成本核算的基本步骤包括：

（一）合理确定成本核算对象。

（二）根据实际管理需要，设置成本中心。

（三）以成本中心为基础，归集成本费用。

（四）对成本中心成本费用进行分配和结转，计算产品成本。具备条件的钢铁企业，可以采用基于工序的作业成本法进行核算。

五、钢铁企业根据产品生产特点，通常设置"生产成本"等会计科目，按照成本费用要素进行明细核算。

六、钢铁企业应当设置或指定专门机构负责产品成本核算的组织和管理，根据本制度规定，确定产品成本核算流程和方法。

## 第二章　产品成本核算对象

钢铁企业产品成本核算应当以生产工序为基础，以相应工序产出的产品为核算对象，通常包括炼焦工序产品、烧结球团工序产品、炼铁工序产品、炼钢工序产品和轧钢工序产品等。

一、炼焦工序产品，主要包括全焦、煤气等。

二、烧结球团工序产品，主要包括烧结矿和球团矿。

三、炼铁工序产品，主要包括炼钢生铁和铸造生铁。

四、炼钢工序产品，主要包括连铸钢坯和模铸钢锭。

五、轧钢工序产品，主要包括各种成品钢材。

六、辅助工序产品，主要包括自制耐火材料、冶金配件和备品备件，燃料和动力，内部运输、化验检验、检修劳务等。

## 第三章　产品成本核算项目和范围

一、产品成本项目

钢铁企业产品成本项目主要包括：

（一）原料及主要材料，是指为生产产品直接投入的构成产品实体的物料。

（二）辅助材料，是指为生产产品投入的不能构成产品实体，但有助于产品形成的物料。

（三）燃料和动力，是指生产过程中耗费、成本归属对象明确、一次性耗费受益的能源介质。

（四）直接人工，是指直接从事产品生产人员的各种形式的报酬及各项附加费用。

（五）制造费用，是指以成本中心为基础，为组织和管理生产所发生的各项间接费用。

二、产品成本费用要素

（一）原料及主要材料费，是指为生产产品投入的原料及主要材料的成本。原料及主要材料费主要包括投入的铁矿石、铁水、生铁块、废钢、铁合金、钢坯、钢锭、用于再加工的钢材、锌、锡、有机涂料等成本。

（二）辅助材料费，是指为生产产品投入的辅助材料的成本。辅助材料费主要包括投入的皮带、耐火材料、熔剂、电极、轧辊、酸碱类、油脂类、包装材料等成本。

（三）燃料和动力费，是指为生产产品耗用燃料和动力发生的费用。燃料和动力费主要包括耗用的煤炭、焦炭、助燃剂，以及风、水、电、气等费用。

（四）人工费，是指为生产产品向职工提供的各种形式的报酬及各项附加费用。人工费主要包括职工工资及各项津贴、福利费、工会经费、职工教育经费、社会保险费、住房公积金、商业人身险、其他劳动保险及劳务费等。

（五）折旧费，是指为生产产品使用的生产装置、厂房、附属机器设备等计提的折旧。

（六）运输费，是指为生产产品提供运输服务发生的费用。

（七）维护及修理费，是指为维持产品生产的正常运行，保证设施设备原有的生产能力，对设施设备进行维护、修理所发生的费用。维护及修理费主要包括材料费、修理工时费、备品备件费等。

（八）财产保险费，是指为组织产品生产管理，向社会保险机构或其他机构投保的各项财产所支付的保险费用。

（九）办公费，是指为组织产品生产管理，发生的文具费、邮电费、通讯费、印刷费等办公性费用。

（十）差旅费，是指为组织产品生产管理，职工因公出差所发生的住宿费、交通费、出差补助等。

（十一）会议费，是指为组织产品生产管理，召开或参加会议发生的费用。

（十二）外委业务费，是指在产品生产过程中，委托外部单位提供服务发生的费用。

（十三）低值易耗品摊销，是指为组织产品生产管理，耗用的不能作为固定资产的各种用具物品的摊销。

（十四）租赁费，是指为组织产品生产管理，租入的各种资产，按照合同或协议的约定支付给出租方的租赁费用。

（十五）机物料消耗，是指在产品生产过程中耗用的未作为原材料、辅助材料或低值易耗品管理使用的一般性材料支出。

（十六）劳动保护费，是指为生产产品为职工提供劳动保护、防护等发生的费用。

（十七）排污费，是指为生产产品负担的排污机构处理废气、废水、废渣等所发生的费用。

（十八）信息系统维护费，是指为组织产品生产管理，在计算机信息系统建设完成后所发生的运行维护费用。

不能列入以上各项成本费用要素的项目，列入其他费用。

## 第四章 产品成本归集、分配和结转

钢铁企业一般按照成本中心，分别成本项目，对产品成本进行归集、分配和结转。

一、成本中心的设置

钢铁企业通常按照生产工序设置成本中心，也可以按照车间（部门）等生产管理单元设置成本中心。

二、产品成本的归集

（一）原料及主要材料成本的归集

生产产品使用的原料及主要材料按照实际成本进行核算，采用加权平均等方法结转原料及主要材料成本。

（二）辅助材料成本的归集

生产产品使用的辅助材料按照实际成本进行核算，根据工序实际消耗量或预计可使用寿命计算其成本。

（三）燃料和动力成本的归集

生产产品使用的外购或自产燃料和动力按照实际成本进行核算，根据相关数据确认其消耗量并计算其成本。辅助生产部门提供的自产燃料和动力，在辅助部门之间按照交互分配等方法分配后，按照各燃料和动力产品的实际成本进行核算。

（四）直接人工成本的归集

直接从事产品生产人员的人工成本，直接计入基本（辅助）工序生产成本。

（五）制造费用的归集

为组织和管理产品生产而发生的各项间接费用，计入制造费用。

（六）回收物料、能源冲减成本

生产过程产生的高炉返矿、高炉水渣、转炉钢渣、锭坯切头切尾、轧制氧化铁屑、剪切边角料、报废锭坯材等回收物料，返焦粉、煤气、蒸汽、循环水、余热发电、压差发电等回收能源，应当按照其价值冲减相应成本核算对象的原材料成本、燃料和动力成本等，回收物料、能源的价值应当参照市场价格予以确定；

如回收物料、能源无法明确归属至产品的，可按照成本核算对象的实际产量或根据有关技术经济资料分析确定的适当比例对回收物料、能源的价值进行分配后，冲减相应成本核算对象的成本项目。

三、产品成本的分配和结转

（一）制造费用的分配和结转

成本中心发生的制造费用按照费用要素归集后，月末全部分配转入成本核算对象的生产成本。钢铁企业应当根据实际情况，一般采用生产工人工时、机器工时、耗用原材料的数量或成本、产品产量等为基础对制造费用进行分配。制造费用分配方法一经确定，不得随意变更。

（二）辅助生产成本的分配和结转

辅助生产成本费用归集后，按照一定的分配标准将提供的劳务和产品分配到各受益对象。各辅助部门之间相互提供辅助产品或劳务的，按照交互分配等方法进行分配。互相提供劳务不多的，可以不进行交互分配，直接分配给辅助生产部门以外的受益单位。

（三）产成品成本的分配和结转

根据钢铁企业生产工序连续生产、顺序加工的特点，产品成本计算一般采用"逐步结转分步法"。

基本生产工序的产品成本，按照向下游工序的实际运送量和实际成本，分步结转为下游工序在产品、半成品和产品的原料及主要材料。辅助工序的产品和劳务，按照输入使用单位的实际数量和实际成本，结转为使用单位的燃料及动力等成本。基本工序生产成本费用归集后，根据产成品和半成品的产量，计算商品产品总成本和各产品品种单位成本。

钢铁企业按照标准成本、计划成本、模拟市场价等非实际成本结转产成品成本的，应当在每月末汇总实际成本与非实际成本的差异，按受益原则分配至各工序的相应成本项目。

炼焦工序和含有伴生（共生）金属的冶炼工序以联产品为对象进行成本核算。炼焦工序一般采用"系数法"在全焦、煤气和焦油等产品中进行成本分配；含有伴生（共生）金属的冶炼工序一般采用"系数法"在钢铁产品和伴生（共生）金属产品中进行成本分配。

"系数法"计算方法如下:
1. 某产品成本积数 = 某产品成本系数 × 产品产量;
2. 某产品总成本 = 某产品成本积数 ÷ 全部产品成本积数之和 × 全部商品产品总成本;
3. 某产品单位成本 = 某产品总成本 ÷ 某产品产量。

联产品系数的确定,一般以产品生产工艺流程、产品结构、产品收率和市场价值为基础,采用经济比值法等确定。联产品系数的确定方法一经确定,不得随意改变。

期末,将产成品成本按照产品品种进行结转。

四、作业成本法下产品成本的归集、分配及结转

采用作业成本法的钢铁企业,应当按照下列规定进行成本核算。

(一)工序系统及作业划分

钢铁企业工序系统及作业通常可以划分为:

1. 铁前系统

铁前系统,是指包括炼铁及其上游各主要工序的生产系统,主要包括炼焦、烧结和球团、炼铁。

2. 钢后系统

钢后系统,是指包括炼钢及其下游各工序的生产系统,主要包括炼钢、浇铸、热轧、冷轧、涂层、镀层、焊管工序等。

炼钢工序划分为粗炼、精炼等作业(如需要,也可将铁水预处理设为作业);浇铸工序按照工艺划分为连铸或模铸作业;热轧工序划分为加热、热轧、精整、包装等作业;冷轧工序划分为酸洗、冷轧、热处理、涂镀、精整、包装等作业。

3. 辅助生产系统

辅助生产系统,是指为生产主流程提供辅助产品和劳务的生产单位,主要包括电力、燃气、水、运输、修理等。根据管理需要,辅助生产系统可依据服务内容和性质设置相应的作业。

(二)作业成本的归集、分配及结转步骤

1. 根据生产过程划分工序系统和作业。
2. 分析各作业设施、组织机构及业务类型与作业过程的关系,确定各作业过程对应的作业单元。
3. 将各作业单元发生的成本费用(不包括上游工序结转到本工序的原材料和辅助材料)归集到对应的作业过程,形成作业成本。
4. 将作业成本直接归集或按照受益原则分配到对应的成本中心。
5. 将各作业过程归集的生产成本在各产品间按照受益原则、采用当量系数法等进行分配。
6. 按照各产品消耗的原材料、辅助材料和分配的作业成本,计算各产品的单位生产成本,并据此结转产成品成本

(三)辅助作业成本的分配和结转

钢铁企业应当按照以下原则对辅助作业成本进行分配后计入相应的成本中心和作业过程:

1. 水、电部门发生的费用，形成水、电等辅助产品成本，按照各受益对象接受的用水、电量分别计入相应类型的成本中心和作业过程。

2. 运输部门、车管部门发生的费用，形成相应运输成本，按照各受益对象接受的运输工作量（台班、车次等）分别计入相应类型的成本中心和作业过程。

3. 维修部门、准备部门发生的费用，形成相应服务成本，按照各受益对象接受的服务量分别计入相应类型的成本中心和作业过程。

五、特殊项目成本的确认

（一）副产品成本

副产品，是指钢铁企业在同一生产过程中，使用同种原料，在生产主产品的同时附带生产出来的非主要产品。一般采用可变现净值、固定价格等方法确定成本，从主产品成本中扣除。

（二）停工损失

停工损失，是指钢铁企业在停工期间发生的各种费用支出。

季节性停工、修理期间的正常停工费用在钢铁产品成本核算范围内，应当计入钢铁产品成本；非正常停工费用应当计入企业当期损益。

# 附：钢铁产品生产流程

钢铁产品生产过程一般分为长流程和短流程。长流程即高炉转炉流程，是以铁矿石为主要原料，通过人工造块、高炉炼铁、转炉炼钢以及轧钢等工序生产钢材的过程。短流程即电炉流程，是以废钢、生铁、直接还原铁等为原料，通过电炉炼钢、轧钢等工序生产钢材的过程。各工序的中间产品，一般用作下道工序的原料。但有的中间产品，如生铁、钢坯、热轧材等，也可作为成品出售。

一、原料取得和配料

钢铁企业购入铁矿石、焦煤、焦炭、铁合金、废钢等原料，一般经过装卸作业，存入原料库（场）。投入生产之前，有些原料需加工整理，例如，对成分不同的铁矿石进行混匀作业，有的废钢需要分拣、切碎作业等。

二、人工造块

粉状铁矿石不能直接入炉炼铁，须通过烧结或球团等工艺使之成块，以提高其在高炉中的透气性。

（一）烧结工艺，是指在矿粉中掺入煤粉、焦粉及石灰等，混匀后在烧结机上点火燃烧，使矿粉熔结成块，经破碎、筛分，制成烧结矿的生产过程。

（二）球团工艺，是指将矿粉掺入粘结剂造球，送入回转窑或竖窑焙烧，生产出球团矿的生产过程。

三、炼焦

焦炭是高炉炼铁的主要燃料和还原剂。长流程钢铁企业有的通过炼焦自产焦炭炼铁，有的通过外购焦炭炼铁。

炼焦，是指将主焦煤与其他配煤混合装入焦炉，在隔绝空气条件下高温干馏，通过热分解、结焦，产出焦炭、焦炉煤气和粗焦油等的生产过程。焦炉煤气可用作钢铁生产工艺所需能源及发电。焦炉煤气和粗焦油可进一步深加工为其他化工产品。

四、炼铁

炼铁，是指在高温状态下煤炭中的一氧化碳从铁矿石中夺取氧，将铁矿石还原为生铁的生产过程。炼铁主要有高炉法和非高炉法（包括直接还原、熔融还原）两类。

五、炼钢和浇铸

炼钢和浇铸通常设在同一生产区域，其中炼钢是将铁水、废钢等含铁原料和合金元素转化为合格钢水，浇铸则将钢水凝结为固体。炼钢主要有转炉炼钢和电炉炼钢两种工艺；浇铸方式主要为连铸，少量为模铸。

（一）转炉炼钢，是指将铁水、废钢等含铁原料及石灰石等辅助材料装入转炉，通过吹氧等作业去除铁水中多余的碳和其他杂质，加入不同铁合金，生产出不同化学成分的合格钢水的生产过程。

（二）电炉炼钢，是指以电力产生热能熔化废钢等含铁原料，用吹氧去除杂质，加入铁合金，生产出合格钢水的生产过程。有铁水供给条件的电炉炼钢厂，通常加入一定比例的铁水，以降低电力消耗。

（三）钢水精炼，是指对钢水纯净度和化学成分要求较高的钢种，通常需要采用精炼设备，对钢水进行脱气、去除有害杂质和调节化学成分及温度的生产过程。

（四）连铸，是指将合格钢水连续注入连铸机结晶器，使钢水逐渐凝结固化，输出连铸钢坯的生产过程。依截面不同，连铸坯分为板坯、方坯、矩形坯、圆坯等类型，分别用于轧制不同品种的钢材。

（五）模铸，是指将钢水浇入事先制备的铸模，使之凝固成为钢锭的非连续浇铸的生产过程。模铸钢锭一般需经开坯作业，才能用于轧制钢材。

六、热轧热轧，是指将钢坯经加热炉加热到适当温度，利用轧机上轧辊的压延作用，将钢坯轧制成各种形状钢材的生产过程。

七、冷轧及延伸加工冷轧及延伸加工，是指将热轧钢材在常温状态下进一步加工，以达到用户所需的状态和性能的生产过程，主要包括冷轧、压制花纹、涂镀层、剪切、焊管、冷弯、拉拔、抛光等。

# 附录 D

# 企业产品成本核算制度
# ——煤炭行业

## 第一章 总 则

一、为了规范煤炭行业产品成本核算，促进煤炭企业加强成本管理，提高经济效益，根据《中华人民共和国会计法》、企业会计准则和《企业产品成本核算制度（试行）》等有关规定，制定本制度。

二、本制度适用于大中型煤炭企业，其他煤炭企业参照本制度执行。本制度所称的煤炭企业，是指主要从事煤炭开采或洗选加工的企业。

三、本制度所称的煤炭产品，是指煤炭企业生产经营活动中形成的原煤、洗选煤等。

四、煤炭产品成本核算的基本步骤包括：

（一）合理确定成本核算对象。

（二）根据实际管理需要，设置成本中心。

（三）以成本中心为基础，归集成本费用。

（四）对成本中心成本费用进行分配和结转，计算产品成本。

五、煤炭企业根据产品生产特点，通常设置"生产成本"等会计科目，按照成本费用要素进行明细核算。

六、煤炭企业应当设置或指定专门机构负责产品成本核算的组织和管理，根据本制度规定，确定产品成本核算流程和方法。

## 第二章 产品成本核算对象

煤炭企业产品成本核算应当以煤炭产品为核算对象，具体包括原煤、洗选煤等。

一、原煤，是指开采出的毛煤经过简单选矸（矸石直径50mm以上）后的煤炭，以及经过筛选分类后的筛选煤等。毛煤，是指从地上或地下采掘出来的、未经任何加工处理的煤炭。

二、洗选煤，是指经过破碎、水洗、风洗等物理化学工艺，去灰去矸后的煤炭产品，包括精煤、中煤、煤泥等，不包括煤矸石。

精煤，是指经过分选获得的高质量煤炭产品。

中煤，是指在分选过程中获得的中间质量煤炭产品。

煤泥，是指在分选后获得的低质量煤炭产品。

煤矸石，是指在开采煤炭过程和洗选煤炭过程中排放出来的，在成煤过程中与煤伴生的一种含碳量较低、比煤坚硬的黑灰色岩石。其中，对外销售或自用的洗矸石作为洗选煤过程中的副产品。

## 第三章 产品成本核算项目和范围

一、产品成本项目

煤炭企业产品成本项目主要包括：

（一）直接材料，是指为生产产品直接投入的原料及主要材料、辅助材料。

原料及主要材料，是指为生产洗选煤产品投入的构成产品实体的物料。

辅助材料，是指为生产产品投入的不能构成产品实体，但有助于产品形成的物料。

（二）燃料和动力，是指生产过程中耗用的、成本归属对象明确、一次性耗费受益的各种燃料，以及电、风、水、气等动力。

（三）直接人工，是指直接从事产品生产人员的各种形式的报酬及各项附加费用。

（四）制造费用，是指以成本中心为基础，为组织和管理生产所发生的各项间接费用，主要包括车间管理人员的人工费、折旧费、折耗及摊销、安全生产费、维护及修理费、运输费、财产保险费、外委业务费、低值易耗品摊销、租赁费、机物料消耗、试验检验费、劳动保护费、排污费、信息系统维护费等。

二、产品成本费用要素

煤炭企业产品成本费用要素主要包括：

（一）原料及主要材料费，是指为生产洗选煤产品投入的入洗原煤等的成本。

（二）辅助材料费，是指为生产产品投入的辅助材料的成本。辅助材料费主要包括投入的木材、支护用品、火工产品、大型材料、配件、专用工具、自用煤、劳保用品、建工材料、油脂及乳化液、其他材料等成本。

（三）燃料和动力费，是指为生产产品耗用的、成本归属对象明确的各种燃料费用，以及电、风、水、气等动力费用。

（四）人工费，是指为生产产品向职工提供的各种形式的报酬及各项附加费用。人工费主要包括职工工资及各项津贴、福利费、工会经费、职工教育经费、社会保险费、住房公积金、其他劳动保险及劳务费，以及按规定可计入的商业人身险等。

（五）折旧费，是指为生产产品使用的生产装置、厂房、附属机器设备等计提的折旧。

（六）折耗及摊销，是指予以资本化的矿区权益成本、煤炭勘探成本、煤炭开发成本和弃置义务成本等分摊至煤炭产品成本的折耗，以及其他长期资产的摊销。

（七）安全生产费，是指根据国家有关规定，按照一定标准提取并在生产成本中列支，专门用于完善和改进企业或者项目安全生产条件的费用。

（八）维护及修理费，是指为维持产品生产的正常运行，保证设施设备原有的生产能力，对设施设备进行维护、修理所发生的费用。维护及修理费主要包括材料费、修理工时费、备品备件费等。

（九）运输费，是指为生产产品提供运输服务发生的费用。

（十）财产保险费，是指为组织产品生产，向社会保险机构或其他机构投保的各项财产所支付的保险费用。

（十一）外委业务费，是指在产品生产过程中，委托外部单位提供服务发生的费用。

（十二）低值易耗品摊销，是指为组织产品生产，耗用的不能作为固定资产的各种用具物品的摊销。

（十三）租赁费，是指为组织产品生产，租入的各种资产，按照合同或协议的约定支付给出租方的租赁费用。

（十四）机物料消耗，是指在产品生产过程中耗用的未作为原材料、辅助材料或低值易耗品管理使用的一般性材料支出。

（十五）试验检验费，是指在产品生产过程中，对材料、产品进行的分析、试验、化验、检验、鉴定等所发生的费用。

（十六）劳动保护费，是指为从事产品生产的职工提供劳动保护、防护等发生的费用。

（十七）排污费，是指为生产产品负担的排污机构处理废气、废水、废渣等所发生的费用。

（十八）信息系统维护费，是指为组织产品生产投入使用的信息系统所发生的运行维护费用。

为生产产品发生的，不能列入以上各项成本费用要素的项目，列入其他费用。

## 第四章  产品成本归集、分配和结转

煤炭企业一般按照成本中心，分别成本项目，对产品成本进行归集、分配和结转。

一、成本中心的设置

煤炭企业通常按照生产环节设置成本中心，也可以按照井区（或生产车间）、队组等生产管理单元设置成本中心。

二、产品成本的归集

（一）原料及主要材料成本的归集

生产产品使用的原料及主要材料按照实际成本进行核算，采用移动加权平均等方法结转原料及主要材料成本。

（二）辅助材料成本的归集

生产产品使用的辅助材料按照实际成本进行核算，根据生产中实际消耗量或预计可使用寿命计算其成本。

### （三）燃料和动力成本的归集

生产产品使用的外购或自产动力按照实际成本进行核算，根据相关数据确认其消耗量并计算其成本。

### （四）直接人工成本的归集

直接从事产品生产人员的人工成本，直接计入基本生产成本或辅助生产成本。

### （五）制造费用的归集。

为组织和管理产品生产而发生的各项间接费用，计入制造费用。

## 三、产品成本的分配和结转

### （一）辅助生产成本的分配和结转

辅助生产成本费用归集后，应根据实际情况采用直接分配法、交互分配法、顺序分配法等将提供的产品和劳务分配到各受益单位。辅助部门之间相互提供产品或劳务的，应采用交互分配法进行分配；互相提供劳务不多的，可以不进行交互分配，采用直接分配法等进行分配。

### （二）制造费用的分配和结转

成本中心发生的制造费用按照费用要素归集后，月末全部分配转入产品的生产成本。煤炭企业应当根据实际情况，一般采用生产工人工时、机器工时、耗用原材料的数量或成本、产品产量等为基础对制造费用进行分配。制造费用分配方法一经确定，不得随意变更。

### （三）产成品成本的分配和结转

根据煤炭企业生产特点，产品成本计算一般采用"品种法"。实际生产成本应当采用价格系数法等在各种煤炭产品品种之间分配。

采用价格系数法时，应当根据市场实际情况，将售价最高的品种折合系数确定为1，按照分品种的售价（不含增值税）计算折合系数，将各种产品的实际产量折合为标准产量。具体计算公式如下：

分品种折合系数 = 售价最高的品种售价 ÷ 某品种售价；

分品种折合量 = 分品种当月实际生产量 × 分品种折合系数；

折合单位生产成本 = 分品种折合量总量 ÷ 当月实际生产成本总额；

分品种当月实际生产成本（结转数）= 分品种折合量 × 折合单位生产成本；

分品种当月实际单位生产成本 = 分品种当月实际生产量 ÷ 分品种当月实际生产成本。

煤炭企业按照标准成本、计划成本等非实际成本结转产成品成本的，应当在每月末汇总实际成本与非实际成本的差异，按受益原则分配至相应产品成本。期末，将产成品成本按照产品品种进行结转。

## 四、特殊项目成本的确认

### （一）副产品成本

副产品，是指煤炭企业在同一生产过程中，使用同种原料，在生产主产品的同时附带生产出来的非主要产品，如对外销售或加工利用的洗矸石和煤灰等。一般采用可变现净值、固定价格等方法确定成本，从总产品成本中扣除。

### （二）停工损失

停工损失，是指煤炭企业在停工期间发生的各种费用支出。季节性停工、修理期间的正常停工费用，应当计入煤炭产品成本；除上述正常停工费用以外的非正常停工费用，应当直接计入企业当期损益。

附录D 企业产品成本核算制度

## 附：煤炭产品生产流程

一、煤炭开采生产流程

煤炭开采分为露天开采和井工开采两种方式，生产流程包括：煤炭资源勘探；采矿设计；生产准备；工作面开采作业；煤炭运输、提升；经洗选加工、储存、装运成为煤炭产品等主要流程。

（一）煤炭资源勘探，是指采用钻探、物探、调查和试验、分析，以查明地下煤炭资源情况的过程。

（二）采矿设计，是指根据井田的煤炭资源情况和开采条件，对选用露天或井工开采方式进行选择，对开采方案、工艺、采煤方法、运输、通风、供电、供风、供水、排水、安全设施等系统进行设计，并明确生产流程及劳动组织的过程。

（三）生产准备。

1. 开拓、掘进（井工矿）或表土剥离作业线开帮（露天矿）。

（1）开拓、掘进，是指在井工矿开采中，施工井筒、大巷、主要硐室等开拓井巷工程和掘进采区、采煤工作面等系统巷道的生产过程。

（2）表土剥离作业线开帮，是指在露天矿开采中，表土层剥离和采煤面的开帮过程。

2. 采掘设备安装。

3. 建立矿井运输、通风、供电、供风、排水、安全设施等系统工程的生产过程。

（四）采煤工作面，是指根据矿井选用的采煤工艺，如长壁式、房柱式、急倾斜柔性支架等，使用机械、炮采、水采等方法进行的生产过程。

（五）矿井运输。

1. 煤炭运输，是指将采煤工作面开采的原煤输送到地面储煤场（仓）或选煤厂的过程。

2. 辅助运输，是指矿井材料、设备、工作人员的运输过程。

（六）矿井通风，是指对矿井采掘工作面、主要硐室及其他用风地点，采用全压通风、局部通风机供风等方式进行通风系统管理和作业的生产过程。

（七）矿井供电，是指对矿井机电设备供电进行的系统管理和作业的生产过程。

（八）矿井供风，是指对矿井需要供风的地点和设备进行的系统管理和作业的生产过程。

（九）矿井供水，是指对矿井需要用水的地点和设备进行的系统管理和作业的生产过程。

（十）矿井排水，是指将矿井涌水排到地面进行的系统管理和作业的生产过程。

（十一）矿井监测监控，是指对矿井安全环境和生产进行的各类监测监控系统管理和作业的生产过程。

二、洗选煤生产流程

原煤洗选工艺按用途分炼焦用煤洗选、动力用煤洗选两大类，按洗选介质分干法分选和湿法洗选两大类，一般来说，选煤厂由以下主要工艺组成，原煤准备、原煤分选、产品脱水、煤泥水处理、产品干燥。

（一）原煤准备

原煤准备主要包括原煤入厂、储存、破碎和筛分。

1. 原煤入厂，是指根据矿井距选煤厂距离的不同由运输皮带、汽车、火车等不同方式将原煤运输进入选煤厂的过程。

2．原煤储存，是指入厂的原煤由运输皮带、翻车机、矿车等不同方式进入存储仓的过程。

3．原煤破碎，是指原煤在洗选前经过破碎机破碎至合适的粒度的过程。

4．原煤筛分，是指破碎后的原煤经过分级筛进行筛选分级，一般以粒度100mm、50mm、13mm为分级标准，为之后的原煤分选做准备的过程。

（二）原煤分选

目前，我国原煤的主要分选方法可分为湿法的重介质、跳汰、浮选以及干法选煤。

1．重介质选煤，是指在以磁铁矿粉为加重质的重介质悬浮液中利用煤与矸石的不同的密度进行洗选的工艺，适用于分选300mm～25（13）mm的块煤。

2．重介质旋流器选煤，是指在离心力场中的重介质悬浮液中利用煤与矸石的密度差别进行分选的工艺，适用于分选粒度为50（100）mm-0.5mm的难选煤、细粒级、脱除黄铁矿硫的原煤分选。

3．跳汰选煤，是指利用压缩空气产生的脉动水流在跳汰机的筛板上实现煤与矸石按密度分选的工艺，适用于分选粒度为100mm-0.5mm的原煤。

4．浮游选煤（简称浮选），是指根据煤与矸石表面不同的物理—化学性质（主要是湿润性）的差异进行分选的工艺，主要用于炼焦煤细颗粒物（0.5毫米以下）的分选。

5．干法选煤，是指采用空气—煤粉（加重质微粒）为介质，用压缩空气和激振力使物料松散，在带床条的床面上实现煤和矸石按密度分选的工艺。

对于动力煤的分选，目前主要有两种方式：一是应用干法选煤，原煤（粒度100-13mm）由输送皮带送入干法选煤设备产出精煤、中煤和矸石等产品；二是应用浅槽刮板重介质分选机，准备好的块原煤（粒度100-13mm）由输送皮带送入浅槽刮板重介质分选机产出精煤、中煤和矸石等产品。

对于炼焦煤的分选，目前主要应用重介质旋流器选煤和浮选，原煤（粒度50mm以下）进入重介质旋流器，产出精煤、中煤和矸石等产品，产品进入脱介筛脱除介质，精煤、中煤脱除介质后筛上粒度较大的进入产品脱水环节，筛下粒度较小的经磁选机选出介质后进入浮选，产出浮选精煤进入产品脱水环节。

（三）产品脱水

煤炭产品脱水主要包括湿法洗选后块煤和末煤产品的脱水、浮选精煤脱水、煤泥脱水。

煤炭经过湿法洗选后的产品不可避免的携带大量水分，特别是刚产生的浮选精煤和煤泥，由于粒度较小，水分特别大，必须经过脱水设备脱除携带水分，否则无法使用。通常使用离心脱水机对块煤和末煤进行脱水，加压过滤机对浮选精煤进行脱水，隔膜式压滤机对煤泥进行脱水，脱水后的滤液进入循环水系统进行处理。

（四）煤泥水处理

浮选后的煤泥水进入浓缩机，沉淀后，清水循环使用，浓缩物进入脱水环节成为煤泥。

（五）产品干燥

利用热能对产品进行干燥。

# 附录 E

# 企业产品成本核算制度
# ——电网经营行业

## 第一章 总 则

一、为了规范电网经营行业产品成本核算，促进电网经营企业加强成本管理，服务输配电价格和成本监管需要，根据《中华人民共和国会计法》、企业会计准则和《企业产品成本核算制度（试行）》等有关规定，制定本制度。

二、本制度适用于电网经营企业。

本制度所称的电网经营企业，是指拥有输电网、配电网运营权，提供输配电服务的企业。有配电业务的售电公司，其配电业务参照执行。

三、本制度所称的产品，是指电网经营企业生产经营活动中提供的输配电服务。

四、电网经营企业应合理划分输配电服务成本与其他业务成本之间的界限。

输配电服务成本，是指电网经营企业为输送和提供电能在输配环节所发生的成本支出，主要包括与输配电网络及设备运行、维护等直接相关成本及间接分配计入的成本。

五、输配电服务成本核算的基本步骤包括：

（一）按照电压等级合理确定成本核算对象。

（二）根据实际管理层级，设置成本中心。

（三）在成本中心下分电压等级设置成本项目，将相关直接成本费用要素归集至相应直接成本项目；同时，在成本中心下设置间接成本项目，将相关间接成本费用要素归集至相应间接成本项目。

（四）对间接成本项目归集的各项间接成本费用要素，选择科学、合理的分配基础，将其分配至不同电压等级，计入成本核算对象成本。

六、电网经营企业产品成本核算应当按照国家输配电定价相关政策规定，依据不同电压等级和用户的用电特性和成本结构，分电压等级确定输配电服务产品类别，进行成本核算。

七、电网经营企业根据行业特点，通常设置"生产成本——输配电成本"等会计科目，按照成本项目归集成本费用要素，对成本费用要素进行明细核算。

# 第二章　产品成本核算项目和范围

一、产品成本项目

电网经营企业产品成本项目主要包括：

（一）固定资产折旧，是指电网经营企业对输配电业务相关专用固定资产计提的折旧费。

（二）直接材料，是指电网经营企业输配电业务直接耗用的材料费。

（三）直接人工，是指电网经营企业向直接从事输配电业务的职工支付的人工费。

（四）其他运营费用，是指电网经营企业为正常输配电业务发生的除以上成本因素外的其他各项间接费用。主要包括折旧费、人工费、修理费、输电费、委托运行维护费、电力设施保护费、租赁费、财产保险费、安全费、检测费、劳动保护费、办公费、水电费、差旅费、会议费、低值易耗品摊销、无形资产摊销、车辆使用费、其他费用等。

二、产品成本费用要素

电网经营企业产品成本费用要素主要包括：

（一）折旧费，是指电网经营企业对输配电业务相关的固定资产，按照规定的折旧方法计提的费用。

（二）材料费，是指电网经营企业输配电业务耗用的消耗性材料、电能计量装置、事故备品、燃料和动力等费用。

（三）人工费，是指电网经营企业从事输配电业务的职工发生的薪酬支出，包括工资及津补贴、福利费（含辞退福利）、社会保险费用、住房公积金、工会经费和职工教育经费，以及发生的劳务派遣费及临时用工薪酬支出等。

（四）修理费，是指电网经营企业在维护电网运行安全、保证电能输配过程中发生的相关修理费用。

（五）输电费，是指电网经营企业为输送、购入或备用电力而支付给其他电网经营企业的过网费。

（六）委托运行维护费，是指电网经营企业委托其他单位进行电网运行维护、设备设施运行维护等发生的费用。

（七）电力设施保护费，是指电网经营企业为保护输配电设施而发生的电力设施标识费、补偿费、护线费等。

（八）租赁费，是指电网经营企业为输配电业务采用经营性租赁方式租入资产支付的费用，主要包括房屋及建筑物租赁费、通信线路租赁费、无线电频率占用费、设备租赁费、车辆及车位租赁费等。

（九）财产保险费，是指电网经营企业为与输配电业务相关设备、车辆、房屋建筑物等资产投保所发生的保费支出。

（十）安全费，是指电网经营企业的改造和维护安全防护设备、设施支出，配备必要的应急救援器材、设备和工作人员安全防护物品支出，重大危险源、重大事故隐患的评估、整改、监控支出等。

（十一）检测费，是指电网经营企业根据法律法规和生产经营需要，对各类精密设备、仪器仪表、计量装置等进行检测、检定发生的费用。

（十二）劳动保护费，是指电网经营企业为从事输配电业务的职工提供劳动保护用品发生的费用。

（十三）办公费，是指电网经营企业为输配电业务发生的办公费用。包括办公用品及杂费、报纸杂志及图书费、印刷费、邮电费、办公通信费、办公设施耗材及维修费、气象服务费等。

（十四）水电费，是指电网经营企业为输配电业务耗用的水、电、煤气费用等。

（十五）差旅费，是指电网经营企业从事输配电业务的职工因公出差发生的住宿费、交通费、出差交通意外伤害险、住勤补贴等费用。

（十六）会议费，是指电网经营企业为输配电业务召开或参加会议发生的费用。

（十七）低值易耗品摊销，是指电网经营企业为输配电业务耗用的不能作为固定资产的各种生产及办公用工器具、物品的摊销费用。

（十八）无形资产摊销，是指电网经营企业为输配电业务使用的专利权、非专利技术、土地使用权等无形资产，按规定进行摊销的费用。

（十九）车辆使用费，是指电网经营企业为输配电业务发生的车辆修理、年检、停车、过桥过路、燃油、清洁等费用。

（二十）其他费用，是指不能列入以上各项成本费用要素的其他费用要素。

## 第三章 产品成本归集、分配和结转

电网经营企业一般按照成本中心，分别成本项目，对输配电成本进行归集、分配和结转。

一、成本中心的设置

电网经营企业通常按照管理层级设置成本中心。

二、产品成本的归集

（一）固定资产折旧的归集。

将提供输配电业务相关固定资产按照规定折旧方法计提并可直接计入相应电压等级的折旧费，直接归集到成本中心下相应电压等级的固定资产折旧成本项目。

（二）直接材料成本的归集。

将输配电业务直接耗用的相关材料成本，直接归集到成本中心相应电压等级的直接材料成本项目。

（三）直接人工成本的归集。

将输配电业务直接耗用的相关人工费，直接归集到成本中心相应电压等级的直接人工成本项目。

（四）其他运营费用的归集。

对无法直接归集计入相应电压等级的费用，归集到成本中心的其他运营费用成本项目。

三、产品成本的分配和结转

（一）其他运营费用的分配。

对于不能直接归集到相应电压等级的费用，由电网经营企业月末按照合理的分摊方法分配至相应电压等级输配电服务。分摊方法一经确定，不得随意变更。

1. 折旧费、材料费、修理费等与资产相关程度较高的成本，可按照上年末各电压等级的电网固定资产原价或其他合理分摊基础，按月度进行分配结转；年末，按照当年实际加权各电压等级电网固定资产原价或其他分摊基础，进行调整。

2. 人工费等成本费用，可按照上年度各电压等级输送电量（售电量）等分摊基础，进行分配；年末，按照当年各电压等级实际输送电量（售电量）等分摊基础，进行调整。

（二）产品成本的结转。

输配电成本应按月度进行分配和结转，通过直接计入与分配计入成本的方式形成不同电压等级的成本。其中，将其他运营费用中分摊的折旧费结转至成本中心下相应电压等级的固定资产折旧成本项目；将其他运营费用中分摊的其他成本费用结转至成本中心下相应电压等级的其他运营费用成本项目。

# 附录 F

# 企业产品成本核算制度
## ——油气管网行业

## 第一章 总 则

**第一条** 为了规范油气管网行业产品成本核算，促进油气管网设施运营企业加强成本管理，根据《中华人民共和国会计法》、企业会计准则和《企业产品成本核算制度（试行）》等有关规定，制定本制度。

**第二条** 本制度适用于油气管网设施运营企业的产品成本核算。

本制度所称的油气管网设施，是指符合相应技术条件和规范，并按照国家及地方有关规定履行审批、核准或者备案手续且已取得合法运营资质的石油天然气（包括原油、成品油、天然气）管道、液化天然气接收站、储气库等及其附属基础设施。

本制度所称的产品，是指油气管网设施运营企业生产经营活动中提供的油气输运服务，主要包括原油管道输运、成品油管道输运、天然气管道输运、液化天然气接收、油气储存等服务。

**第三条** 油气管网设施运营企业应当正确区分油气输运服务成本与期间费用。发生的有关费用中不能归属于使产品

达到目前场所和状态的、按照企业会计准则有关规定应当计入当期损益的期间费用，不得计入油气输运服务成本。

油气输运服务成本，是指油气管网设施运营企业为提供油气输运服务在油气输运环节所发生的成本支出。

**第四条** 油气管网设施运营企业应当合理划分油气输运服务成本与其他业务成本之间的界限。与提供油气输运服务无关的、为生产其他产品或提供其他劳务服务所发生的成本，不得计入油气输运服务成本。

**第五条** 油气管网设施运营企业应当按照下列基本步骤进行油气输运服务成本核算：

（一）合理确定产品成本核算对象（以下简称成本核算对象）。

（二）根据实际管理需要，按照行政组织机构，或按照作业区、场站等生产管理单元，设置成本中心。

（三）以成本中心为基础，将相关产品成本费用要素（以下简称成本费用要素）归集至相应的产品成本核算项目（以下简称成本项目）。

（四）对于不能直接归集到某一成本核算对象的成本费用要素，选择科学、合理的分配基础，将其分配结转至不同成本核算对象的相应成本项目，计入各成本核算对象的成本。

**第六条** 油气管网设施运营企业根据行业特点，通常设置
"生产成本——管网运营成本"等会计科目，按照成本项目
归集成本费用要素，对成本费用要素进行明细核算。

## 第二章 产品成本核算对象

**第七条** 油气管网设施运营企业应当根据生产经营特点和管理要求，合理确定成本核算对象，计算产品成本。

**第八条** 油气管网设施运营企业以石油天然气管道从事原油输运、成品油输运、天然气输运服务的，一般按照管线等设施对应的油气输运服务确定成本核算对象；以液化天然气接收站从事液化天然气接收服务、以储气库从事油气储存服务的，一般按照液化天然气接收站、储气库等设施对应的油气输运服务确定成本核算对象。

## 第三章 产品成本核算项目和范围

**第九条** 油气管网设施运营企业应当合理确定成本项目和成本费用要素。

油气管网设施运营企业的成本项目，是指根据生产经营特点和管理要求，按照成本的经济用途和生产要素内容相结合的原则，对成本费用要素进行的分类组合，用于归集各项成本费用要素。

油气管网设施运营企业的成本费用要素构成其产品成本核算范围，是指提供油气输运服务所耗费的各项资源。

**第十条** 油气管网设施运营企业应当按照本制度第十一条的规定，通常在成本中心下针对不同的成本核算对象分别设置各有关成本项目，同时在成本中心下设置"其他运营费用——共同费用"成本项目。

**第十一条** 油气管网设施运营企业的成本项目主要包括：

（一）折旧及摊销，是指油气管网设施运营企业对油气输运服务的相关固定资产和使用权资产计提的折旧费，以及对相关无形资产计提的摊销费等。

（二）燃料及动力，是指油气管网设施运营企业在油气输运服务中耗用的、一次性耗费受益的能源介质。

（三）人工费用，是指油气管网设施运营企业向从事油气输运服务的职工提供的各种形式的职工薪酬。

（四）其他运营费用，是指油气管网设施运营企业为油气输运服务发生的其他各项费用。成本核算对象下的"其他运营费用"成本项目主要包括维护及修理费、管网设施保护费、调控服务费、材料费、试验检验费、损耗费、外委业务费、车辆运行费、信息系统使用及维护费、差旅费、办公费、劳动保护费、财产保险费、低值易耗品摊销、排污费、安全生产费、港杂费、其他费用等成本费用要素；除上述成本费用要素外，成本中心下的"其他运营费用——共同费用"成本项目还包括无法直接计入某一成本核算对象的折旧费、无形资产摊销、燃料费、动力费、人工费等成本费用要素。

**第十二条** 油气管网设施运营企业内部管理有相关要求的，还可以按照现代企业多维度、多层次的成本管理要求，利用现代信息技术对有关成本项目按照重要性原则进行组合或调整，输出有关成本信息。

**第十三条** 油气管网设施运营企业的成本费用要素主要包括：

（一）折旧费，是指油气管网设施运营企业对油气输运服务相关的固定资产和使用权资产，按照规定的折旧方法计提的费用。确定固定资产成本时应当考虑预计弃置费用因素。

（二）无形资产摊销，是指油气管网设施运营企业为油气输运服务使用的土地使用权、专利权、非专利技术等无形资产，按照规定的摊销方法计提的费用。

（三）燃料费，是指油气管网设施运营企业为油气输运服务耗用的燃料费用。

（四）动力费，是指油气管网设施运营企业为油气输运服务耗用的水、电、气等动力发生的费用。

（五）人工费，是指油气管网设施运营企业从事油气输运服务的职工发生的薪酬支出，包括工资及津补贴、福利费（含辞退福利）、社会保险费、住房公积金、工会经费、职工教育经费、商业人身险、其他劳动保险及临时用工薪酬支出等。

（六）维护及修理费，是指油气管网设施运营企业为维护油气管网设施安全运行、保障设备设施原有的生产能力，开展油气管网设施日常管理、风险识别及评价、检测、维护、修理、保养和应急保障等发生的费用。

（七）管网设施保护费，是指油气管网设施运营企业为保护油气管网设施而发生的各项费用，包括巡护费、联防费、警卫消防费、反恐演练费、补偿费、管道宣传费、标识费等。

（八）调控服务费，是指油气管网设施运营企业为油气输运服务发生的油气管网输运集中调度、远程监视控制等费用。

（九）材料费，是指油气管网设施运营企业为油气输运服务耗用的辅助材料、备品备件和其他物料等费用。

（十）试验检验费，是指油气管网设施运营企业为油气输运服务对材料、产品进行分析、试验、化验以及对设备设施检验、检定、校验所发生的费用。

（十一）损耗费，是指油气管网设施运营企业在油气输运服务中正常的油气损耗发生的费用。

（十二）外委业务费，是指油气管网设施运营企业为油气输运服务委托外部单位提供服务发生的费用，包括油气储运费、混油处理费、外部加工费、委托运行费等。

（十三）车辆运行费，是指油气管网设施运营企业为油气输运服务发生的车辆运行费用，包括车辆运输、车辆外包、修理、年检、停车、过桥过路、油料、清洁等费用。

（十四）信息系统使用及维护费，是指油气管网设施运营企业为油气输运服务发生的电脑硬件设备、信息系统、应用软件、数据库与代码的使用及维护等费用。

（十五）差旅费，是指油气管网设施运营企业从事油气输运服务的职工因公出差发生的住宿费、交通费、出差交通意外伤害险、住勤补贴等费用。

（十六）办公费，是指油气管网设施运营企业为油气输运服务发生的办公费用，包括办公用品及杂费、邮电费、办公通信费、办公设施耗材及维修费等。

（十七）劳动保护费，是指油气管网设施运营企业为从事油气输运服务的职工提供劳动保护用品发生的费用。

（十八）财产保险费，是指油气管网设施运营企业为与油气输运服务相关的设备设施等资产投保所发生的保费支出。

（十九）低值易耗品摊销，是指油气管网设施运营企业为油气输运服务耗用的不能作为固定资产的各种用具物品的摊销费用。

（二十）排污费，是指油气管网设施运营企业按照环保有关规定，对油气输运服务产生的污水、废水、油污等废弃物进行清运、处置、恢复所发生的费用。

（二十一）安全生产费，是指油气管网设施运营企业根据国家有关规定，按照一定标准提取并在成本中列支，专门用于完善和改进企业安全生产条件或安全隐患治理的费用。

（二十二）港杂费，是指油气管网设施运营企业在液化天然气接收服务中因船舶进出港、停靠码头等而发生的搬运费、码头费、打包费、港务费、导助航设施维护费、港池航道扫海服务、船舶防污染服务、港池清淤等费用。

（二十三）其他费用，是指不能列入以上各项成本费用要素的费用，如油气管网设施运营企业为油气输运服务发生的会议费、印刷费、技术图书资料费、物业管理费、水电费、取暖费等。

## 第四章 产品成本归集、分配和结转

**第十四条** 油气管网设施运营企业一般以成本中心为基础，按照成本项目，对成本中心范围内发生的成本费用进行归集、分配和结转，形成成本中心下各成本核算对象的产品成本。

**第十五条** 油气管网设施运营企业对成本中心范围内发生的成本费用，能确定由某一成本核算对象负担的，应当按照所对应的成本项目类别，将相关成本费用要素直接归集至该成本核算对象的相应成本项目；由多个成本核算对象共同负担的，应当将相关成本费用要素归集至成本中心下的"其他运营费用——共同费用"成本项目。

（一）"折旧及摊销"成本项目的归集。将油气输运服务的相关固定资产、使用权资产和无形资产按照规定方法计提,并可直接计入某一成本核算对象的折旧费及无形资产摊销,直接归集到成本中心下相应成本核算对象的"折旧及摊销"成本项目。

(二)"燃料及动力"成本项目的归集。将油气输运服务直接耗用的并可直接计入某一成本核算对象的相关燃料费和动力费,直接归集到成本中心下相应成本核算对象的"燃料及动力"成本项目。

(三)"人工费用"成本项目的归集。将油气输运服务直接耗用的并可直接计入某一成本核算对象的相关人工费,直接归集到成本中心下相应成本核算对象的"人工费用"成本项目。

(四)"其他运营费用"成本项目的归集。将油气输运服务耗用的并可确定直接计入某一成本核算对象的其他各项费用,直接归集到成本中心下相应成本核算对象的"其他运营费用"成本项目;将成本中心范围内发生的、无法直接归集到某一成本核算对象的费用,归集到成本中心下的"其他运营费用——共同费用"成本项目。

**第十六条** 油气管网设施运营企业对于成本中心下"其他运营费用——共同费用"成本项目所归集的各项成本费用,应当在月末按照相应成本核算对象的相关固定资产及使用权资产原价的相对比例、油气输运服务量或其他合理分配基础,分别确定合理的分配方法,按月度分配至相应成本核算对象。

分配方法一经确定,不得随意变更。

**第十七条** 油气管网设施运营企业应当按月度对油气输运服务成本进行结转。

对于成本中心下的"其他运营费用——共同费用"成本项目所归集的成本费用,将其中分配的折旧费和无形资产摊销、燃料费和动力费、人工费分别结转至成本中心下相应成本核算对象的"折旧及摊销""燃料及动力""人工费用"成本项目;将其中分配的其他各项费用结转至成本中心下相应成本核算对象的"其他运营费用"成本项目。在此基础上,针对各成本核算对象,将其对应成本项目中通过直接归集计入和分配计入的成本费用加总形成各成本项目的成本,将各成本项目反映的成本费用加总形成该成本核算对象的产品成本。

# 第五章 附则

**第十八条** 本制度自 2022 年 1 月 1 日起施行。

# 附录 G

# 存货核算管理办法（示例）

为加强公司存货管理和控制，保证存货的安全完整，提高存货运营效率，合理确认存货价值，降低财务风险，根据《企业会计准则第 01 号——存货》《存货控制标准》《企业内部控制应用指引》等有关法规制度，结合公司实际情况，制定存货核算管理办法。

一、存货的范围

存货是指在日常生产经营活动中持有以备出售的产成品或商品、处在生产过程中的在产品、在生产过程或提供劳务过程中耗用的材料和物料等，主要包括各类原材料及辅助材料、在产品、半成品、产成品、商品和周转材料等。

二、职责及岗位分工

（一）决策机构职责

公司董事会是存货管理的最高决策机构。对存货的盘盈（亏）处理、存货的减值、重要存货的处置等重大存货业务的决策以及存货业务内部控制制度的建立健全等事项负责。

（二）领导职责

总司总经理对存货管理负领导责任。负责存货的盘盈（亏）处理、存货的减值、重要存货的处置等重大存货业务的审批，建立健全存货业务内部控制制度。

财务总监是存货业务会计核算与监督的主管领导。负责对存货业务所涉及的重要经济事项进行会计监督；对存货计价方法变更进行审批；参与存货减值处置等重大存货财务风险业务决策；组织建立健全存货业务内部会计控制制度。

存货管理部门负责人对存货的管理负直接责任。主要职责包括：组织办理存货入库前的验收（签收）；组织存货出入库管理；核定存货的合理储备量与组织保管存货；组织存货日常盘点，并提出盘盈（亏）处理意见；组织存货处置工作，并提出处理意见。

综合财务处负责人对存货业务会计核算与监督负直接责任。主要职责包括：参与存货盘盈（亏）处理、减值、处置等业务的审核；拟定存货计价方案，提出计价方法变更申请；组织开展存货业务的会计核算；组织制定存货业务的内部会计控制制度并有效实施。

（三）部门职责

存货管理部门是存货业务的归口管理部门，存货管理部门主要包括计划生产处、设备管理处、行政保障处、工艺技术处、综合管理处等。主要职责包括：办理存货入库前的验收（签收）；办理出入库手续；建立存货实物台账；合理存储和保管存货；存货盘点、维护和日常管理；存货处置。

计划生产处是原材料、半成品、产成品等生产过程存货的归口主管部门。设备管理处是生产辅助材料、刀具、量具、器具、仪器仪表等低值易耗品存货的归口主管部门。行政保障处是办公用品、运输工具辅助用品、动力设备零配件等存货的归口主管部门。工艺技术处是计算机及外部设备等信息化消耗性材料的归口主管部门。综合管理处是办理印章、党团活动用品等的归口主管部门。有库房的车间及处室是存货收发业务的具体执行单位。

综合财务处是存货业务会计核算和监督的责任部门，主要职责包括：参与存货盘盈（亏）处理、减值、处置等工作；开展存货业务的会计核算；与存货管理部门对账，年末组织存货盘点；拟定存货业务的内部会计控制制度。

（四）岗位设置

岗位设置坚持不相容岗位相分离的原则，不得由同一人办理存货业务的全过程。存货业务的不相容岗位至少包括：存货保管与会计相关记录；存货发出的申请、审批与会计相关记录；存货处置的申请、审批与会计相关记录；存货处置价格确定与执行。

与存货业务相关的具体会计岗位主要包括存货管理与核算岗、成本管理与核算岗、出纳岗、稽核岗、会计档案管理岗。具体会计岗位职责主要包括：

1. 存货管理与核算岗

审核存货业务原始凭证并进行账务处理，包括存货盘盈（亏）、减值、处置等业务的会计核算；每月与存货管理部门对账；参与存货盘点，实施监盘。

2. 成本管理与核算岗

配合计划生产处制定年度产品成本计划及成本预算；负责各产品成本的归集、分配与核算；负责编制成本报表，对成本进行预测、控制与分析等。

3. 出纳岗

依据审核无误和审批手续齐全的存货业务会计凭证办理款项收付。

4. 稽核岗

对存货相关业务原始凭证的合法性、真实性、完整性、准确性进行稽核；对记账凭证与原始凭证内容是否相符进行稽核；对记账凭证的会计科目使用是否正确、记账方向是否正确、会计政策选用是否适当等进行稽核；对存货业务的会计账簿等进行稽核。

5. 会计档案管理岗

对存货管理和核算岗、成本管理和核算岗移交的会计资料归档保管。

### 三、取得、验收与入库控制

（一）入库控制

1. 外购存货入库

外购存货验收合格并办理入库手续后，采购部门应一个月内将入库单等相关资料提交综合财务处，由存货管理和核算岗进行账务处理，具体要求按公司采购与付款管理制度执行。

2. 加工存货入库

第一，自制存货入库。

自制半成品和产成品完工，由生产车间填制产品交接单，经质量管理处验收合格，并办理入库手续后，提交综合财务处，由成本管理与核算岗进行审核，编制成本计算单，并进行账务处理。

原始凭证包括：生产任务派工单、产品交接单等。

审核要点包括：生产任务派工单、产品交接单签字是否齐全，其中生产任务派工单是否有生产处负责人签字；各单所列品名、规格型号、数量等重要信息要求相符；成本的归集和分配是否准确。

第二，外协加工存货入库。

外协加工的存货，应签订外协加工合同。外协加工存货入库应视同外购存货办理验收及入库手续。计划生产处将外协加工合同、产品交接单、加工费发票等相关资料提交综合财务处，由存货管理与核算岗审核无误后进行账务处理。

原始凭证包括：产品交接单、外协加工合同、加工费发票等。

审核要点：产品交接单的签字是否齐全；产品交接单与外协加工合同、加工费发票所列名称、规格型号、数量、单价、金额等重要信息是否相符。外协加工存货已办理入库，但尚未取得加工费发票，于月末办理暂估入库。

3. 受托加工存货入库

生产车间、存货管理部门等相关部门应提出申请，经计划生产处负责人审批后，签订受托加工合同，验收合格后将受托加工存货明细移交存货管理部门办理入库手续。

存货管理部门建立单独账簿，将受托加工、代管存货纳入单位的实物管理，定期盘点并与对方对账。

4. 退料入库

生产车间对本车间领用的存货安排专人，设置存货使用台账进行管理，生产任务结束时，及时对未投入生产的存货进行清理，退回存货存放地单位，办理退库手续，并填写红字出库单。生产车间将红字出库单附退库材料明细等相关数据经相关部门审核提交综合财务处，由存货管理与核算岗审核无误后进行账务处理。

原始凭证包括：红字出库单和退库材料明细表。

审核要点包括：红字出库单的签字是否齐全；红字出库单和退回材料明细所列名称、规格型号、数量等重要信息是否相符。

5. 其他方式取得存货入库

取得存货的其他方式主要包括投资者投入、债务重组、非货币性资产交换等。取得的存货经质量处或存货管理部门验收合格后,由存货管理部门办理入库手续,填制入库单。相关主管部门将合同、评估报告及相关批复、发票、入库单及存货明细表等相关数据提交综合财务处,由存货管理与核算岗审核无误后进行账务处理。

原始凭证包括:批复文件、评估报告、合同、发票、入库单、存货明细表等。

审核要点包括:存货明细表与批复文件、评估报告、合同的内容是否相符;入库单的签字齐全;入库单与存货明细表、发票、合同、评估报告中所列品名、规格型号、单价、数量等重要信息是否相符。

四、出库控制

(一)领用出库

生产活动领用,由生产车间根据生产计划和工艺定额,填制出库单,经生产车间和存货管理部门等相关部门领导审批后,由存货管理部门办理出库,办理出库。

日常经营活动中的周转材料领用,由相关部门提出申请,存货管理部门填制出库单,经存货保管员和领用人签字后,办理出库。

存货管理部门及时将出库单提交综合财务处,由存货管理和核算岗审核无误后进行账务处理。

原始凭证包括:出库单。

审核要点包括:存货管理部门出库单审批手续是否完备,签字是否齐全;所列品名、规格型号、数量、单价、金额、日期等重要信息是否与实物相符。

(二)销售出库

1. 办理出库手续

计划生产处根据销售合同,由存货管理部门填制产品交接单,办理出库手续。计划生产处将产品交接单、销售合同等相关资料提交综合财务处,由存货管理与核算岗审核,进行账务处理。

业务部门销售材料出库,由相关部门填制出库单,经计划生产处和相关部门负责人审批后,办理出库。

原始凭证包括:销售合同、产品交接单等。

审核要点包括:审批手续是否完备;产品交接单与销售合同所列品名、规格型号、数量、单价、金额、日期等重要信息是否相符。

2. 型号产品出库

型号产品完工后,总装车间根据生产计划填制产品交接单,由接收单位签字确认后按照计划约定办理出库手续,总装车间将产品交接单提交综合财务处,由成本管理与核算岗审核无误后进行账务处理。

原始凭证包括:产品交接单等。

审核要点包括:产品交接单的签字要求齐全;生产计划与产品交接单所列重要信息要求相符。

3. 外协加工存货直接交付客户

外协加工存货完工后直接交付客户的,生产车间会同计划生产处将客户签认的货物交接清单或证明、外协加工合同、外协加工发票等相关资料提交综合财务处,由成本管理与核算岗审核无误后进行账务处理。

（三）受托加工存货出库

生产车间等相关部门提出出库申请，编制存货出库明细表，经生产车间和存货管理部门等相关部门负责人审批，由存货管理部门办理出库手续。

（四）其他方式出库

其他方式出库的主要形式是指债务重组转出、非货币性资产交换换出等。相关业务部门编制存货明细表，办理相关的审批手续后，递交存货管理部门办理出库手续，填制出库单。业务部门将相关资料单据提交综合财务处，由存货管理与核算岗审核无误后进行账务处理。

原始凭证包括：批复文件、评估报告、发票、出库单、存货明细表。

审核要点包括：批复、评估报告的内容是否合规；存货明细表的审批手续是否完备；出库单签字是否齐全；出库单与存货明细表、发票、合同所列品名、规格型号、数量等重要信息是否相符；出库单与评估报告所列单价、金额等重要信息是否相符。

五、盘点、减值、处置控制

（一）存货盘点

1. 对账要求

综合财务处建立存货数量金额明细账，每年年末和盘点前应将存货数量金额明细账与存货管理部门的存货实物台账进行核对。

2. 盘点时间

发生以下情况时，综合财务处组织存货盘点：

第一，每年年末，综合财务处组织存货管理部门、计划生产处和工艺技术处对存货进行全面盘点。

第二，对于实际业务中金额较大、性质特殊的存货，存货管理部门保管员应至少每季度组织抽查盘点一次。

第三，公司撤销、合并、资产重组或改变隶属关系，综合财务处会同相关部门对存货进行全面盘点清查。

第四，发生灾害或意外损失时，综合财务处会同相关部门对其受灾或受损存货进行局部盘点清查。

3. 盘点范围

全面盘点时，单位应对以下存货进行盘点：生产活动中持有以备出售的产成品；生产过程中具有实物形态的在产品；为生产或提供劳务采购的材料和物料等；存货管理部门单独建立账簿保管的受托加工和生产过程中形成的按相关制度经费已核销的存货。

4. 盘点要求

第一，盘点前，综合财务处会同存货管理部门制定盘点计划并经审批后实施。盘点计划的内容应包括盘点范围、时间、盘点方法、盘点人员、工作内容、盘点步骤等。

第二，盘点时，存货管理部门保管员对实物进行盘点，填制存货盘点明细表，对盘点结果进行签字确认。并将存货管理台账与实物进行核对，做到账实相符。综合财务处将存货明细账和存货管理部门的存货管理台账进行核对，做到账账相符。

第三，盘点结束，存货管理部门对盘盈（亏）结果进行汇总，填制存货盘盈（亏）申请表,并编制存货盘点报告,主要内容包括存货状态、盘盈(亏)原因等。综合财务处根据存货管理部门的存货盘点报告编制存货盘点财务分析报告。

5. 盘盈(亏)处理

存户管理部门查明盘盈(亏)原因后,应填制存货盘盈(亏)处理申请表,经综合财务处会签,一次价值在10万元(含10万元)以内由综合财务处负责人审核后报财务总监、总经理出具处理意见;一次价值在10万元以上经综合财务处负责人、财务总监和总经理审核后,经董事会审批后出具处理意见,上报至院审批。

存货管理部门将存货盘点明细表、经批准的存货盘盈(亏)申请表及决策机构决议或相关批复文件等相关资料上报综合财务处,由存货管理与核算岗按照批复意见进行账务处理。

原始凭证包括:决策机构决议或相关批复文件、存货盘盈(亏)申请表、存货盘点明细表、产品交接单(如为盘盈)等。

审核要点包括:存货盘盈(亏)申请表的审批手续要求完备;存货盘盈(亏)申请表、存货盘点明细表、产品交接单(如为盘盈)所列品名、规格型号、数量、单价、金额等重要信息要求相符;盘盈存货的入账价值要求合理。综合财务处根据盘点结果编制存货盘点财务分析报告,为决策提供参考。

(二)存货减值

每年年末,存货管理部门根据盘点结果,对可能发生减值的存货提出减值申请,填制存货减值申请表。由相关部门(必要时,可聘请有资质的专业机构)对可能发生减值的存货进行鉴定,提出减值初步意见,经综合财务处审核会签。一次价值在10万元(含10万元)以内由综合财务处负责人审核后报财务总监、总经理出具处理意见;一次价值在10万元以上经综合财务处负责人、财务总监和总经理审核后,经董事会审批后出具处理意见,上报至院审批。由存货管理和核算岗审核无误后进行账务处理。

原始凭证包括:存货减值申请表、存货减值鉴定意见、决策机构决议或相关批复等。

审核要点包括:存货减值准备申请表的审批手续要求完备;存货减值准备计提的依据要求充分合理、金额计算要求准确。

(三)处置控制

存货管理部门定期或不定期对存货进行检查,对于不需用、已报废或毁损的存货,及时提出处置申请,并填写存货处置申请表,交相关部门进行鉴定,经综合财务处审核会签。一次价值在10万元(含10万元)以内由综合财务处负责人审核后报财务总监、总经理出具处理意见;一次价值在10万元以上经综合财务处负责人、财务总监和总经理审核后,经董事会审批后出具处理意见,上报至院审批。存货管理部门将存货处置申请表、处置合同、出库单、发票等相关数据提交综合财务处,由存货管理与核算岗审核无误后进行账务处理。

原始凭证包括:决策机构决议或相关批复文件、存货处置申请表、出库单、销售发票等。

审核要点包括:存货处置申请表的审批手续要求完备;出库单的签字要求齐全;出库单与存货处置申请表、发票、处置合同中所列存货品名、规格型号、单价、数量、金额等重要信息要求相符;存货处置的定价要求合理等。

存货处置的具体要求:公司所属各单位型号研制、生产、试验过程中产生的存货处置时，须集中由院物流中心统一处理；涉及重大存货处置时，存货存放地单位应会同综合财务处、相关部门等部门组成存货处置小组；存货处置须实行有偿转让原则，综合财务处应参与存货处置价格的制定，处置收益须及时入账；经批准报废的涉密存货，在处置时严防泄密。

  六、监督检查

  公司应当加强存货入库、出库、盘点、处置、减值等各项管理工作，建立健全各项规章制度。综合财务处每年至少一次对存货进行盘点，并撰写盘点分析报告。

# 附录 H

# 成本费用管理制度（示例）

为加强成本费用管理，防范成本费用业务过程中的差错和舞弊，降低成本费用耗用水平，提高单位经济效益，根据《中华人民共和国会计法》《企业内部控制应用指引》等相关法律法规及集团公司相关规定，结合公司实际情况，制定成本费用管理制度。

一、成本费用的范围

成本，是指可归属于产品成本、劳务成本的直接材料、直接人工、制造费用和其他直接支出，不包括为第三方或客户垫付的款项。

费用，是指单位在日常活动中发生的、会导致所有者权益减少的、与所有者分配利润无关的、除成本之外的其他经济利益的总流出，包括销售费用、管理费用及财务费用等。

二、职责及岗位分工

（一）职责

公司董事会是成本费用业务的最高决策机构，对重大（1 000万元以上）、特殊的成本费用业务的审批等事项进行集体决策，对成本费用控制制度的建立健全等事项负责。

公司总经理对公司的成本费用业务负领导责任。负责重大、特殊的成本费用业务的审批（资金审批参照资金管理制度执行），建立健全成本费用内部控制制度。

分管业务的公司领导对所分管业务的成本费用负主管领导责任。负责成本费用业务各环节的管理与协调；审核成本费用预算和定额标准；组织分解、落实成本费用控制指标及责任人；组织制定成本费用业务内部控制制度并有效实施。

财务总监对成本费用业务会计核算与监督负主管领导责任。主要职责包括：负责组织制定成本费用管理制度，确定成本费用会计核算政策；参与重大、特殊的成本费用业务决策；对成本费用预算进行审批；组织制定成本费用责任考核评价办法；组织建立健全成本费用业务的内部会计控制制度，控制财务风险；对成本费用业务所涉及的重要经济事项进行会计监督。

公司各部门负责人对本部门相关成本费用业务负直接责任。主要职责包括：组织分管业务成本费用的预测；组织编制分管业务成本费用预算和制订定额；组织编制本单位管理费用预算并实施控制、分析。

综合财务处处长对成本费用业务会计核算与监督负直接责任。主要职责包括：制定相关成本费用管理制度，拟定成本费用会计核算政策；参与单位成本费用预测与决策工作；组织成本费用预算管理；组织开展成本费用事项的会计核算与监督；参与本单位的成本费用分析与考核工作；组织制定成本费用业务的内部会计控制制度并有效实施。

各业务部门是其范围内相关成本费用业务管理职能的归口管理部门。主要职责包括：对分管业务的成本费用和部门费用进行预测、预算、控制、分析、考核；组织编制相关标准或定额，实施定额管理。

综合财务处是成本费用业务会计核算与监督的责任部门。参与成本费用预测及定额制订；开展成本费用的归集、分配与核算；对成本费用预算执行情况进行分析与考核；对成本费用实施监督与控制；拟定成本费用业务的内部会计控制制度等。

（二）岗位分工

公司应建立成本费用业务的岗位责任制，明确相关部门和岗位的职责权限，成本费用业务的岗位设置应坚持不兼容岗位相分离原则。

与成本费用相关业务的不相容岗位包括：成本费用定额、预算的编制与审批；成本费用支出与审批；成本费用支出与相关会计记录。

与成本费用业务相关的具体会计岗位主要包括：预算管理岗、资金管理核算岗、存货管理与核算岗、工资管理与核算岗、固定资产管理与核算岗、成本费用管理与核算岗、出纳岗、稽核岗、会计档案管理岗等。具体业务岗位职责包括：

1. 预算管理岗

审核各部门成本费用预算方案；汇总、编制本单位成本费用预算；分解、下达经审批的成本费用指标；审核季度成本费用支出的资金使用计划；办理成本费用相关预算调整事项；监督成本费用预算执行；负责成本费用预算指标的分析与考核等。

2. 资金核算与管理岗

监督资金使用；审核各种付款合同及有关付款依据；按季、年度分析资金运营状况等。

3. 存货管理与核算岗

审核存货业务原始凭证并进行会计核算，包括存货盘盈（亏）、减值、处置等业务的会计核算；与仓储部门的管理台账进行核对；参与存货盘点，实施监盘等。

4. 工资管理与核算岗

负责工资薪金、社会保险费、职工教育经费及工会经费等人工费用的计算与核算；按照人员归属和核算要求，归集与分配人工成本等。

5. 固定资产管理与核算岗

按月计提固定资产折旧（或使用费）等。

6. 成本费用管理与核算岗

按照成本开支范围及标准，严格审核各项费用支出，负责各产品成本的归集与分配，按规定的成本核算方法正确分摊各项完工产品及在制品成本；负责编制成本报表，对成本进行控制与分析，对经手的成本业务实施监督，并履行报告职责等。负责审核相关部门编制的费用预算；负责费用的会计核算；负责编制费用报表，对各项费用进行控制与分析，对经手的费用业务实施监督，并履行报告职责等。

7. 出纳岗

依据审核无误和审批手续齐全的会计凭证办理收付款业务。

8. 稽核岗

对成本费用业务所附原始凭证的合法性、真实性、完整性、准确性等进行稽核；负责审核原始凭证的手续是否完备，是否经过本单位经办人和主管领导签字同意；对原始凭证上所涉及的所有明细项是否完整清楚进行稽核；对记账凭证与原始凭证内容是否相符进行稽核；对记账凭证的会计科目使用是否正确、记账方向是否正确等进行稽核。

9. 会计档案管理岗

对成本费用业务相关岗位移交的，与成本费用业务相关的会计资料进行归档并妥善保管。

三、成本费用预算控制

第一，各部门编制年度部门费用预算和归口主管成本费用预算提交综合财务处，由预算管理岗汇总，综合财务处会同相关部门审核，纳入公司财务预算报公司董事会审批。

第二，综合财务处将经批准后的成本费用年度预算下达至相关各部门。各部门须严格按照批复预算进行年度成本费用控制。

第三，各部门按季向综合财务处报送成本费用的用款计划，由预算管理岗审核。

第四，对于预算外或者超过预算额度的成本费用支出，由各责任部门按规定程序履行相应的审批手续。

四、成本费用核算与监督控制

（一）核算基础

第一，建立并完善型号基础价格。利用信息化管理技术建立型号及配套产品基础价格体系，使基础价格作为核算、对外合同报价、谈判及对内进行成本控制的依据。

第二，规范项目编号和项目的会计科目设置，使科目设置既满足报价和归集需要，又满足预算、责任成本划分与考核需要。

（二）核算方法

第一，成本费用的确认与计量、归集与分配符合会计准则等相关规定，正确划分收益性支出与资本性支出、生产成本与非生产成本、当期成本费用与下期成本费用的界限。

第二，产品成本计算方法在各期保持一致，不得随意变更。如需变更应逐级上报审批并在年度财务报告中披露。

第三，公司采用制造成本法，设置直接材料（包括材料费、外协费、燃料动力费）、直接人工、制造费用、其他直接支出等项目进行成本核算，销售费用、管理费用和财务费用作为期间费用核算。

第四，对研制、生产经营中的材料、人工、直接费用和间接费用等进行合理的归集和分配，不得随意改变成本费用的确认标准及计量方法。

（三）成本费用核算项目

1. 直接材料

第一，材料费。

材料费是在科研及生产经营过程中预计消耗的原材料、辅助材料、备品配件、外购成品及半成品、包装物、燃料、动力、电子元器件和其他材料以及专用新材料应用试验费等。

生产领用材料应根据计划部门签发的生产任务通知单办理领料手续，由仓储部门办理材料出库手续。材料的发出按先进先出法计价，各期保持一致，如有变更需通过财务总监审批。

第二，外协费。

外协费是研制项目中由于研制单位自身的技术、工艺和设备等条件的限制，应由外单位协作完成所发生的费用，包括工艺外协和工件外协等。

外协费应按规定签订外协加工（或研制、课题）合同，任务完成并经验收后，应及时进行账务处理，具体要求如下：

- 外部协作件入库应视同外购存货办理验收及入库手续，主管业务部门将外协加工（研制）合同、验收单、入库单、发票等相关资料提交综合财务处，经审核无误后作为支付和核算外协费的依据。
- 外协课题完成后，主管业务部门将外协课题合同、验收单（或验收报告）、发票等资料提交综合财务处，经审核无误后作为支付和核算外协费的依据。
- 对于外协加工存货完工后直接交付客户的，主管业务部门将外协加工单位与客户签字确认的货物交接单或证明、外协加工合同、外协加工发票等相关资料提交综合财务处，经审核无误后作为支付和核算外协费的依据。
- 对于直接由供应商发至外协加工单位的存货，主管业务部门应将采购合同、购货发票、货物清单，以及外协单位确认的交接单、外协单位收到货物的入库单（或验收单）等相关资料提交综合财务处，经审核无误后作为支付和核算外协费的依据。

第三，燃料动力费。

燃料动力费指直接用于产品生产的外购和自制的燃料及动力，如水、电、煤、气、乙炔等。

燃料动力费应当根据计量仪表记录的实际耗用数量进行分配，暂时没有计量仪表的，应由动力部门或有关部门确定合理的分配标准，作为动力分配的依据。

第四，设备费。

设备费是项目研制过程中确需购买或自制的专用设备仪器的费用，包括购置费、运输费、安装调试费及自制设备仪器的料工费等。

2. 直接人工

直接人工包括生产工人的工资、奖金、津贴、补贴及其他工资性支出、职工福利费、工会经费、职工教育经费、社会保险费和住房公积金等，其中的职工福利费按照当期实际发生数核算。

人力资源处应按月提供员工工资表；综合财务处工资管理与核算岗负责复核工资表并

在其基础上按规定比例计提工会经费、职工教育经费、社会保险费和住房公积金，计扣个人所得税。成本管理与核算岗负责定期依据工时统计表、工资及福利分配标准等编制工资及福利分配表，经审核无误后进行账务处理。

原始凭证包括：考勤记录、员工工资表、工时统计表、工资及福利分配表等。

审核要点：考勤记录是否真实完整；员工工资表、工时统计表和工资及福利分配表计算是否正确，依据是否充分，分配是否合理；工会经费和职工教育经费计算是否正确；社会保险、公积金和个人所得税计扣是否充分准确，签字审批手续是否完备等。

3. 制造费用

制造费用指生产部门为组织和管理生产所发生的全部费用支出。包括生产组织管理人员的人工费、固定资产折旧费、修理费、物料消耗、低值易耗品摊销、水电费、办公费、差旅交通费及其他费用等。

固定资产折旧，公司应明确固定资产的相关使用部门。固定资产折旧方法不得随意变更，并按折旧方法计提折旧。固定资产管理与核算岗按月计提固定资产折旧费，经审核无误后计入制造费用。

制造费用中的材料消耗、燃料及动力消耗、人工费等审核与核算的具体要求按直接材料及直接人工相关规定执行。制造费用应于期末全部转入生产成本。

4. 管理费用

管理费用是指行政、管理部门为管理和组织生产活动而发生的各项费用，包括：人工费、固定资产折旧费、修理费、物料消耗、低值易耗品摊销、水电费、办公费、差旅费、交通费、业务招待费、会议费、研发费用及其他费用等。

固定资产折旧的具体要求同制造费用要求执行。管理费用中的物料消耗、水电费、人工费等审核与核算的具体要求按相关规定执行。管理费用发生额应于期末全部转入本年利润。

5. 销售费用

销售费用是指公司在销售产品、提供劳务和其他经营活动中发生的各项费用，包括运输费、装卸费、包装费、广告费、租赁费、销售服务费以及销售部门人员的各项费用等。

经办人在取得发票后报销时，需填写资金支付请批单，在按照资金审批权限履行相应的审批程序后，将资料提交综合财务处，由费用管理与核算岗审核无误后进行账务处理。

原始凭证包括：资金支付请批单、发票、合同（如有）、费用发生的证明材料（如会议通知）等。

审核要点：资金支付请批单各项内容填写是否完整无误；报销金额是否在规定标准范围内；费用报销单的授权审批程序是否适当、签字是否完备；发票证明材料、合同内容与费用报销单上相关信息是否相符等。

6. 财务费用

财务费用是公司为筹集资金而发生的各项费用，包括利息收入、利息支出、汇兑损益、金融机构手续费、现金折扣以及筹资发生的其他费用。

利息收入：综合财务处应取得利息收入单，经收入管理与核算岗审核无误后及时入账。

现金折扣：综合财务处应先期参与折扣协议的谈判，并根据经审批的协议审核现金折扣发生的合理性。取得现金折扣发票或现金折扣协议，经收入管理与核算岗审核无误后及时入账。

综合财务处应对取得的财务费用相关原始凭证进行审核，必要时应重新计算；对于外币业务，应在外币项目结算日和各期末按选定的汇率政策计算其汇兑差额；

原始凭证包括利息结算单据、借（存）款合同、外汇结算单据、手续费支出单据、业务合同（如有）等。

审核要点：利息支出计算是否正确；外汇结算单据所列内容与业务合同是否相符；外汇差额计算是否正确；手续费金额是否正确等。

（四）生产费用归集与分配

1. 生产费用归集

除可以直接计入各产品的生产费用可直接计入相关产品成本以外，其余生产费用均应采用实作（定额）工时最终计入各产品的生产成本。生产成本归集完成后，期末应在完工产品与未完工产品之间分配，结转产成品成本。对于自制零配件应按品种单独计算自制件成本，各种用于销售的半成品应按产品成本的计算要求核算自制半成品成本，并作为产成品管理。

2. 生产费用分配

成本管理与核算岗根据领料单、工时统计表、职工薪酬表、燃料动力分配表及费用支付凭证等原始凭证归集编制人工费分配表、材料费用分配表、燃料动力分配表、制造费用分配表等，审核无误后进行在产品、完工产品成本计算并进行相应账务处理。

原始凭证：人工费分配表、材料费用分配表、燃料动力分配表、制造费用分配表、产品入库单、产品成本计算单等。

审核要点：产品成本计算单、成本明细账与人工费分配表、材料费用分配表、燃料动力分配表、制造费用分配表、产品入库单所填内容是否相符等。

期末，综合财务处应根据产品结算单或产品出库记录结转产品销售成本。产品销售成本的结转数量应与收入结转的数量核对一致。

五、成本费用分析

综合财务处负责建立健全成本费用分析制度，定期组织有关部门开展成本费用分析，采用因素、趋势、结构等分析方法，利用真实、准确、完整的信息定期对成本情况进行分析，重点分析成本费用预算的执行情况、成本费用结构优化结果、成本管理方面存在的问题、成本改进的措施建议等，编制成本费用分析报告。充分利用分析成果，不断查找成本费用控制存在的问题，落实降低、优化成本的具体措施。

建立健全成本价格信息库，为成本费用分析、报价积累资料。加强成本信息反馈管理，及时传递成本信息，实现信息共享。

六、监督检查

公司应加强成本费用管理，建立健全成本费用各项规章制度。综合财务处应逐步完善成本核算，提供产品成本数据和分析报告，针对发现的问题及时责成有关部门加以改进。

# 附录 1

## 成本会计实训调查问卷

亲爱的同学：

　　您好！

　　为了解同学们对于成本会计实训课程过程的体会，进一步完善和改进成本会计实训方式，特进行此次调查。对问题的回答没有对错之分，只需真实反映您的意见即可。通过您的反馈，我们将改进和提高实训的教学形式及过程，以便您更好地进行会计实训的学习。再次感谢您的参与！

### 一、学生基本信息

性别：□男　□女
年龄：_____
年级：_____
专业：_____

### 二、关于成本会计实训的调查

1. 您参加成本会计实训的学习是为了什么？（可多选）
　　□获得学分　　　　　　□获得经验，提高能力
　　□兴趣爱好　　　　　　□无聊打发时间
2. 您知道成本会计实训的目的吗？
　　□很清楚　　　　　　　□基本清楚
　　□有一点了解　　　　　□完全不清楚

3. 您认为参加成本会计实训学习的效果如何？
   □没有效果　　　　　　□效果不大
   □效果很好　　　　　　□有很大效果，能自我提高
4. 您认为成本会计实训的采用哪种方式较好？
   □手工方式　　　　　　□电算化方式
   □手工方式和电算化结合
5. 您认为成本会计实训的课程设计得是否合理？
   □非常合理　　　　　　□比较合理
   □不太合理　　　　　　□非常不合理
6. 您认为成本会计实训的内容需要调整哪些方面？（可多选）
   □自己绘制费用分配表　□记账凭证填写
   □会计账簿的登记　　　□会计报表数据的计算机填列
7. 您认为成本会计实训的学时安排是否需要调整？
   □增加学时　　　　　　□缩减学时　　　　　　□不需要调整
8. 您认为成本会计实训的课程安排在哪些时间进行合适？
   □每学期期末　　　　　□每学期期初
   □每学期教学过程中安排　□假期
9. 您认为成本会计实训的指导教师需要进行哪方面的改进？
   □增加理论讲解　　　　□增加实践指导能力
   □增加计算机水平　　　□不需要任何改进
10. 您认为应该如何安排成本会计实训的指导教师？
    □始终由一个老师任教，可以学习得系统连贯
    □有多个老师任教，可以学习多种方法，更全面
11. 请留下其他方面的意见及建议：
    _____

我们的调查到此结束，再次感谢您的配合！祝您今后的学习、生活更加愉快！

日期：　　年　月　日

# 参考文献

[1] 于富生，黎来芳. 成本会计学 [M]. 7版. 北京：中国人民大学出版社，2015.
[2] 潘琴，李学东. 成本会计实验教程 [M]. 北京：经济科学出版社，2004.
[3] 殷丽杰. Excel 在产品生产成本表编制中的应用 [J]. 中国管理信息化，2008（23）：12-14.
[4] 荣树新，戴勇. Excel VB 在综合结转分步法及其成本还原中的应用 [J]. 中国管理信息化，2008（23）.
[5] 俞建海，陈成叠. Excel 会计电算化培训教程 [M]. 北京：清华大学出版社，2002.
[6] 孙文骥. Excel 在企业成本核算中应用实例 [J]. 华东冶金学院学报，1998，（15）：84-88.
[7] 武巧凤. Excel 表在作业成本法中的应用 [J]. 财会经济，2015（4）：137-141.
[8] 肖彦. Excel 在成本报表编制与分析中的应用 [J]. 广西会计，2001（8）：36-38.
[9] 孙红旗，付荣霞. Excel 在成本核算中的应用 [J]. 上海会计，2002（12）：48.
[10] 苏万贵. Excel 在成本预测中的应用 [J]. 中国管理信息化，2007（3）：6-8.
[11] 王丽新，孙丹，刘海泉. Excel 在企业成本管理中的应用 [J]. 价值工程，2011（1）：98-99.
[12] 樊斌. Excel 在作业成本法中的应用 [J]. 中国管理信息化，2005，（2）：57-59.
[13] 郑翠菊，何有世，陈雪梅，等. Microsoft Excel 与平行结转分步法相结合的成本核算系统 [J]. 商业研究，2003（23）：53-55.
[14] 刘曜. 在 Excel 上建立材料计划成本管理系统 [J]. 中国会计电算化，2003（7）：21-23.
[15] 刘太安，尹承鑫. 电子表格软件 Excel 在会计分析决策中的应用 [J]. 齐鲁珠坛，2003（6）：5-8.
[16] 赵晟. 辅助生产成本核算之代数分配法的应用 [J]. 中国集体经济，2008（9）：133-134.
[17] 孙巍浩，闫寒，支海源，等. 改进后的成本还原 Excel 模型设计 [J]. 财会月刊，2014（21）：98-99.
[18] 王琦，温素彬. 管理会计中 Excel 的高级应用 [J]. 财务与会计，2014（5）：59-60.
[19] 陈锋. 基于 Excel 的先进先出存货发出模型设计 [J]. 财会月刊，2014（21）：95-97.
[20] 朱丰伟，王文慧. 基于 Excel 应用的成本会计实训研究 [J]. 商业现代化，2014（20）：235.
[21] 唐茂霞. 将 Excel 表格引入成本会计教学 [J]. 财会月刊，2015（6）：119-121.
[22] 胡艳旭. 利用 Excel 表格进行成本核算的重要作用及注意事项 [J]. 河北水利，2015（4）：39.
[23] 雷红艳. 利用 Excel 进行企业成本核算分析 [J]. 合作经济与科技，2010（17）：88-89.
[24] 韩福才. 平行结转分步法的 Excel 模型设计 [J]. 财会月刊，2013（19）：82-83.
[25] 吴冬梅. 巧用 Excel 分配辅助生产费用 [J]. 商业会计，2010（10）：47-48.
[26] 宋立. 用 Excel 进行分品种成本核算 [J]. 时代财会，2003（1）：28-32.
[27] 肖琳. 运用 Excel VBA 建立辅助生产费用分配通用模型 [J]. 财会月刊，2010（8）：95-96.
[28] 侯志才. 运用 Excel 分析产品结构变动对利润的影响 [J]. 财会月刊，2010（19）：62-63.
[29] 王宇航. 在 Excel 中利用宏技术进行工资数据统计和纠错 [J]. 财会月刊，2011（4）：92-93.
[30] 高丽，景妮. 浅析 VLOOKUP 函数在会计中的运用 [J]. 科技信息，2008（8）：155-156.